Die Konkordatsehe in Spanien

ADNOTATIONES IN IUS CANONICUM

Herausgegeben von Elmar Güthoff und Karl-Heinz Selge

Band 55

Sabine Konrad

Die Konkordatsehe in Spanien

PETER LANG

Bibliografische Information der Deutschen Nationalbibliothek
Die Deutsche Nationalbibliothek verzeichnet diese Publikation in der Deutschen Nationalbibliografie; detaillierte bibliografische Daten sind im Internet über http://dnb.d-nb.de abrufbar.

ISSN 0946-9176
ISBN 978-3-631-67096-5 (Print)
ISBN 978-3-653-06351-6 (Ebook)
ISBN 978-3-631-70972-6 (Epub)
ISBN 978-3-631-70973-3 (Mobi)
DOI 10.3726/b15330

Peter Lang – Berlin · Bern · Bruxelles · New York · Oxford · Warszawa · Wien

Diese Publikation wurde begutachtet.

www.peterlang.com

Sabine Konrad

Die Konkordatsehe in Spanien

PETER LANG

Bibliografische Information der Deutschen Nationalbibliothek
Die Deutsche Nationalbibliothek verzeichnet diese Publikation in der Deutschen Nationalbibliografie; detaillierte bibliografische Daten sind im Internet über http://dnb.d-nb.de abrufbar.

ISSN 0946-9176
ISBN 978-3-631-67096-5 (Print)
ISBN 978-3-653-06351-6 (Ebook)
ISBN 978-3-631-70972-6 (Epub)
ISBN 978-3-631-70973-3 (Mobi)
DOI 10.3726/b15330

Peter Lang – Berlin · Bern · Bruxelles · New York · Oxford · Warszawa · Wien

Diese Publikation wurde begutachtet.

www.peterlang.com

Inhaltsverzeichnis

Vorwort

Mit dem System der Konkordatsehe kam ich zum ersten Mal bereits vor zehn Jahren auf einem kanonistischen Seminar in Lissabon in Berührung. Es folgten weitere Seminare und Tagungen in Portugal und Spanien, die mir Einblicke in dieses spannende Thema gewährten. Besonderes Interesse weckte in mir das spanische Eherecht.

Da sich in der deutschsprachigen Literatur kein Werk über die Konkordatsehe in Spanien fand, war ich auf spanische Fachliteratur angewiesen und machte mich daran, das Thema für die deutschsprachigen Kanonisten zu erarbeiten.

Dabei unterstützte mich die Universität Augsburg mit einem Frauenstipendium zur Internationalisierung der Geistes- und Sozialwissenschaften, das es mir ermöglichte, meine Recherchen in Madrid durchzuführen. An dieser Stelle möchte ich mich dafür sehr herzlich bedanken.

Ein weiterer Dank gilt der Universidad Pontificia Comillas in Madrid, in deren umfangreicher Bibliothek ich forschen und arbeiten durfte. Insbesondere geht mein Dank an den emeritierten Rektor der Universität, Prof. Dr. José María Díaz Moreno SJ, der mich vor Ort logistisch unterstützte und mir in Sachfragen umfangreich Auskunft gab. Es war mir eine große Freude, mit ihm über Entstehung und Absicht des *Acuerdo sobre asuntos jurídicos* zu sprechen, da er vor rund 40 Jahren an dessen Zustandekommen aktiv mitgewirkt hatte.

Für seine Unterstützung und Freundschaft bedanke ich mich sehr herzlich bei Prof. Dr. Dr. Juan José García Failde, der mich seit unserer ersten Begegnung in Lissabon (2007) in meiner wissenschaftlichen Tätigkeit begleitet. Auch während meiner Recherchen für die vorliegende Studie in Madrid und darüber hinaus stand er mir als Ansprechpartner uneingeschränkt zur Verfügung.

Mein größter Dank geht an Herrn Prof. Dr. Dr. Elmar Güthoff für seine stete Unterstützung und Motivation. Seine Rückmeldungen während der Erarbeitungsphase dieser Studie waren mir überaus wertvolle Hilfen.

Ebenso sei ihm und PD Dr. Karl-Heinz Selge gedankt für die Einladung zur Tagung „De Processibus Matrimonialibus 2016“, bei der ich einen Teil meiner Forschungsergebnisse präsentieren durfte, und für die Aufnahme dieser Studie in die Reihe „Adnotationes in Ius Canonicum".

Bei der Endredaktion unterstützten mich Frau stud. theol. Anna Bader sowie Frau Dipl. Ing. Sonja Langhans. Vielen herzlichen Dank dafür!

München, den 7. Januar 2018
Sabine Konrad

Vorbemerkung

Die in dieser Arbeit angeführten spanischen Gesetze werden nach dem amtlichen *Boletín Oficial del Estado* (BOE) zitiert. Alle spanischen Gesetze werden im BOE veröffentlicht. Auch ältere Gesetze, die in der *Gaceta de Madrid*, dem vorherigen amtlichen Publikationsorgan veröffentlicht wurden, sind mittlerweile im BOE-System erfasst und online zugänglich. Mit der jeweiligen im Quellenverzeichnis angegebenen *Referencia* und/oder dem Datum finden sich alle Gesetzestexte unter www.boe.es.

Die Jahreszahlen, die in Klammern nach den Gesetzen, vor allem beim *Código Civil,* angeführt werden, bezeichnen den Rechtsstand, auf den sich die Darstellung bezieht. Soweit sich die Darstellung auf geltendes Recht bezieht, gibt sie die Rechtslage von Januar 2018 wieder.

Das geltende Recht, auf das in dieser Studie Bezug genommen wird, findet sich im Anhang abgedruckt.

Einleitung

Der spanische Staat ist Religionsgemeinschaften gegenüber neutral. Es gibt keine Staatsreligion, und religiöse Weltanschauungen werden vom Staat geachtet (Art. 16 n. 3 CE). Das Verhältnis zwischen den Religionsgemeinschaften und dem Staat ist Gegenstand vertraglicher Regelungen. Zu den Regelungsmaterien dieser Verträge gehört auch die Anerkennung von in religiöser Form geschlossenen Ehen im zivilen Bereich.

Der Heilige Stuhl hat mit Spanien ein Abkommen geschlossen, nach dem kanonisch geschlossene Ehen vom Staat anerkannt werden und zivile Wirkung entfalten. Ebenso werden kanonische Ehenichtigkeitsurteile vom Staat anerkannt, mit der Wirkung, dass die Parteien wieder in den Familienstand ledig zurückversetzt werden, weil die Ehe niemals gültig zustande kam. Dies wurde zwischen Spanien und dem Heiligen Stuhl in einem Konkordat (1953) und einem konkordatsähnlichen Abkommen (1979) vereinbart, weshalb sich hierfür der Begriff „Konkordatsehe“ eingebürgert hat.

Bereits seit Jahrhunderten unterhält der Heilige Stuhl rechtliche Beziehungen mit Spanien. Dem heutigen System der Konkordatsehe geht eine lange Geschichte voraus. In dieser Studie soll zunächst ein geschichtlicher Überblick über die Konkordatsehe seit dem Inkrafttreten des *Código Civil* von 1889 gegeben werden. Das heute geltende Recht geht auf den *Acuerdo entre el Estado español y la Santa Sede sobre asuntos jurídicos* von 1979 zurück, dem zahlreiche zivile Gesetze folgten.

Das System der Konkordatsehe ist aufgrund seiner hohen Relevanz in der spanischen kanonistischen und juristischen Fachliteratur eingehend erörtert worden. Nicht erst seit Öffnung der europäischen Grenzen ist dieses Thema auch in Deutschland von einiger praktischer Bedeutung. Alle in Deutschland lebenden katholischen Spanier, die in Deutschland kirchlich heiraten möchten oder ihre Ehe von einem kirchlichen Gericht in Deutschland für nichtig erklären lassen, sind hiervon unmittelbar betroffen. Und nicht nur sie, sondern auch die Trauungsassistenten, Pfarrer und die kirchlichen Gerichte in Deutschland, die in diese Eheschließungen oder Eheprozesse involviert sind, müssen neben den Vorschriften des kanonischen Rechts auch die einschlägigen konkordatären und zivilrechtlichen Bestimmungen in den Blick nehmen.

Überraschenderweise fand die spanische Konkordatsehe im deutschsprachigen Bereich weder in der kanonistischen noch in der juristischen Fachliteratur nennenswerte Beachtung. In den gängigen Standardwerken wird allenfalls in Nebensätzen oder kurzen Absätzen darauf hingewiesen, dass eine Eheschließung in kanonischer Form in Spanien zivil anerkannt werden kann.[1]

Die vorliegende Studie soll diese Lücke schließen. Sie soll sich damit auseinandersetzen, welche Spannungen und Schwierigkeiten auftreten können, wenn zwei Rechtssysteme, das zivile und das kanonische, und zwei Gerichtsbarkeiten aufeinandertreffen. Sie soll dabei auch aufzeigen, inwieweit in diesem System das kirchliche Selbstbestimmungsrecht durch den Staat Einschränkungen erfahren kann. Und sie soll die kirchlichen und zivilen Rechtsnormen, die für die zivile Anerkennung kanonischer Eheschließungen und kanonischer Ehenichtigkeitsurteile und Eheauflösungen relevant sind, erläutern.

1 Beispielhaft hierfür sind die Darstellungen bei Bergmann/Ferid, Internationales Ehe- und Kindschaftsrecht, Kapitel Spanien; Adomeit, Einführung in das spanische Recht 47; Ibán, Einführung 209–212; Althaus/Prader/Reinhardt, Das kirchliche Eherecht 75; am ausführlichsten noch Weinberger, Königreich Spanien 334–339.

I. Geschichtlicher Überblick: Die Konkordatsehe vom Inkrafttreten des *Código Civil* von 1889 bis zum Konkordat von 1953

1. Die kanonische Eheschließungsform im spanischen Recht

1.1 Vorbemerkung: Der *Regalismo*

Zwischen dem 16. und dem 20. Jahrhundert prägte in Spanien der sogenannte *Regalismo* das Verhältnis von Staat und Kirche.[2] In Bezug auf die kirchliche Gesetzgebung war vor allem der *Pase Regio* (auch *regium exequatur*) relevant – ein in Spanien über Jahrhunderte hinweg gängiges Rechtsinstitut zur Inkraftsetzung kirchlicher Gesetze durch die weltliche Macht. Es war eines von drei Kontrollmitteln (*regalías*) der spanischen Herrscher gegenüber der kirchlichen Gesetzgebung während der Zeit des *Regalismo*. Der Anfang des *Regalismo* lag in der Zeit der Herrschaft von Felipe II. (1556–1598) und endete 1946 während der Regierung von Francisco Franco (1939–1975).[3] Neben dem *Pase Regio* gab es weitere zwei Kontrollmittel des Staates, nämlich den *Real Patronato* im Hinblick auf die Besetzung von Bischofsstühlen und den *Privilegio Fuero* im Hinblick auf die Gerichtsbarkeit.[4] Die *regalías* sollten die Überlegenheit der weltlichen Gewalt gegenüber der geistlichen Gewalt sicherstellen.[5] Sie nahmen dem Heiligen Stuhl das Recht, unabhängig und frei von der weltlichen Macht Gesetze für die Gläubigen zu erlassen.[6] Wurde ein kirchliches Gesetz durch einen *Pase Regio* in Spanien anerkannt, war es geltendes Kirchenrecht in Spanien, hatte aber keine unmittelbaren zivilen Wirkungen.

---

2 Zur Geschichte des spanischen Eherechts zwischen dem 13. und dem 19. Jahrhundert vgl. Olmos Ortega, El matrimonio 76–93. Ein knapper Überblick findet sich bei López Alarcón/Navarro-Valls, Curso de derecho 39 f.

3 Vgl. Vázquez García-Peñuela/Morales Payán, El Pase Regio 33, 148 f.

4 Vgl. ebd. 15.

5 Vgl. ebd. 23.

6 Vgl. ebd. 24.

Bis zur Einführung der zivilen Eheschließungsform im Jahr 1889 war die kanonische Eheschließungsform die einzige in Spanien, nachdem König Felipe II. (1556–1598) am 12. Juli 1564 durch einen *Pase Regio* die Dekrete des Konzils von Trient als staatliche Gesetze in Kraft setzte.[7] Im Folgenden sollen die wesentlichen Entwicklungen seit dem Inkrafttreten des *Código Civil* von 1889 bis zum heute geltenden Recht aufgezeigt werden.

1.2 Der *Código Civil* von 1889 und seine Folgen

Vor dem Inkrafttreten des *Código Civil*[8] war die einzige mögliche Eheschließungsform in Spanien die kanonische, wie sie das Konzil von Trient im Dekret *Tametsi* vorsah. Art. 42 CC (1889)[9] führte eine weitere Eheschließungsform ein. Er sah zwei Formen der Eheschließung vor, nämlich die kanonische Form, die alle, die sich zum katholischen Glauben bekannten, einhalten mussten, und die zivile Form für alle anderen. Diese zivile Form regelte der *Código Civil* selbst in den Artt. 83–107. Auch die kanonische Form hatte volle zivile Wirkung. Zur Bestätigung der kanonischen Eheschließung musste jedoch ein staatlicher Beamter zugegen sein.

Mit der Einführung der zivilen Eheschließungsform ergaben sich erstmals Schwierigkeiten mit der Praxis zweiter Eheschließungen. Eine zweite Eheschließung nach einer kanonisch geschlossenen Ehe war zu Lebzeiten beider Eheleute weder zivil noch kanonisch möglich. Die kanonische Eheschließung hatte sowohl kanonische als auch zivile Wirkung. Somit konnte keine weitere Ehe, weder zivil noch kanonisch, eingegangen werden. Wer jedoch in ziviler Form geheiratet hatte, führte eine nur zivil, aber nicht kanonisch gültige Ehe. Eine Wiederheirat in kanonischer Form war demnach grundsätzlich möglich. Vor dem Inkrafttreten des *Código Civil* konnte es keine solche Konstellation geben.[10]

---

7 Vgl. Cañamares Arribas, El sistema matrimonial 259. Zur Einführung der Dekrete des Konzils von Trient durch Felipe II. vgl. Tineo, La recepción de Trento 241–245.

8 S. BOE n. 206, 25.07.1889, 249–259.

9 Zur Geschichte und Entstehung des Textes des Art. 42 CC (1889) vgl. Escudero Escorza, Matrimonio de acatólicos 9–83 und Babé, Notas históricas 1010–1013.

10 Vgl. del Amo, Los matrimonios civiles 539.

Zudem ergab sich eine gravierende Interpretationsschwierigkeit aus der unglücklichen Formulierung des Art. 42 CC (1889):

> *Art. 42 CC (1889) La ley reconoce dos formas de matrimonio: el canónico, que deben contraer todos los que profesan la Religión católica, y el civil, que se celebrara del modo que determina este Código.*

Die Passage „*todos los que profesan la Religión católica*" (dt. „alle, die sich zur katholischen Religion bekennen") ließ nicht mit der gebotenen Eindeutigkeit erkennen, wer genau zur Eheschließung in der kanonischen Form verpflichtet war.[11] Bislang galt in Spanien das Dekret *Tametsi* des Konzils von Trient als ziviles Gesetz, das alle Getauften zur kanonischen Form verpflichtete. Der *Código Civil* (1889) verpflichtete nun ausdrücklich nur noch diejenigen zur Einhaltung der kanonischen Form, die sich zum katholischen Glauben bekannten. Gleichzeitig hinderte sie ebendiese an einer zivilen Eheschließung, weil für diese die kanonische die einzige zulässige Form der Eheschließung war.[12] Aufgrund dieser Unklarheiten sahen sich königliche und kirchliche Gesetzgebung zu einigen Nachbesserungen veranlasst.[13]

Ein *Real Orden* vom 28. Dezember 1900[14], der aufgrund eines konkreten Falles erlassen wurde, legte fest, dass für eine zivile Eheschließung eine formale Bekundung (*manifestación formal*) der Nupturienten vor der zuständigen zivilen Autorität notwendig war, dass sie sich nicht zur katholischen Religion bekannten.[15] Es handelte sich gewissermaßen um ein Abschwören vom katholischen Glauben vor dem städtischen Richter. Die alleinige Erklärung der Nupturienten, dass sie eine zivile Eheschließung wünschten, reichte nicht aus. Die kirchenrechtliche Folge der *manifestación formal* war die Exkommunikation.[16]

---

11 Vgl. Ibán, Calificación jurisprudencial 261.

12 Vgl. Sánchez-Girón Renedo, Anotaciones históricas 780.

13 Vgl. Olmos Ortega, El matrimonio 96.

14 S. Gaceta de Madrid, n. 185, 04.07.1913, 35.

15 Vgl. Martín de Agar y Valverde, El matrimonio 69; Olmos Ortega, El matrimonio 97; Cóbacho López, Relaciones 181.

16 Vgl. Cobacho López, Matrimonio civil 78. Hier wird ein konkretes Beispiel aus Zamora aus dem Jahr 1902 geschildert. Es handelte sich um ein Paar, das aufgrund des Hindernisses der Blutsverwandtschaft nicht kanonisch heiraten konnte und wegen des Wunsches, zumindest zivil heiraten zu können, dem katholischen Glauben abschwor. Die Folge aus kirchenrechtlicher Sicht war die

Die Kirche und der Staat verpflichteten durch das Dekret *Tametsi* jeden Getauften zur kanonischen Eheschließungsform. Der Staat ging allerdings über diese Regelung hinaus und verfügte in Art. 42 CC (1889), dass nicht nur jeder Getaufte zur kanonischen Form verpflichtet und somit berechtigt war, sondern dass niemand in kanonischer Form die Ehe schließen durfte, der sich nicht zum katholischen Glauben bekannte. In diesem Zusammenhang stellte der Staat andere Anforderungen an die Nupturienten als die Kirche, für die allein die Taufe zur kanonischen Form verpflichtete und berechtigte, und nicht das Bekenntnis zum katholischen Glauben.[17]

Aufgrund der Schwierigkeiten, die sich durch den *Real Orden* von 1900 ergaben, und da der Staat seine Bürger nicht in vermeintliche Gewissenskonflikte bringen wollte, wurde der *Real Orden* von 1900 durch einen *Real Orden* vom 27. August 1906[18] derogiert. Für die zivile Eheschließung war es nun nicht mehr notwendig, dem katholischen Glauben formal abzuschwören.[19] Das war der Anfang des Systems der alternativen bzw. fakultativen Eheschließung, entweder in kanonischer oder ziviler Form.[20]

Die Kirche reagierte höchst unerfreut auf diese Regelungen. In einem Schreiben an den damaligen *Ministro de Gracia y Justicia*, García Pietro, drückte der Nuntius des Heiligen Stuhls in Spanien, Arístides Rinaldini, am 12. April 1906 seinen Unmut aus. Es sei inakzeptabel für die Kirche, dass es in Spanien Katholiken erlaubt sei, frei über die Eheschließungsform zu entscheiden. Jeder Katholik sei an die kanonische Form gebunden und hätte hinsichtlich der Eheschließungsform keine Wahlfreiheit. Mit dieser durch das spanische Recht eingeführten Freiheit würde bereits zu viel Missbrauch hinsichtlich der Ehen getrieben, indem Katholiken (aus kirchlicher Sicht)

---

dem Papst vorbehaltene Exkommunikation. Der Autor beruft sich auf folgende Quelle: Boletín Eclesiástico de Zamora, 18 (29.07.1902) 265–267.

17 Viele Jahrzehnte später wurde diese Problematik wieder aktuell, als der CIC/1983 diejenigen, die durch einen formalen Akt von der Kirche abgefallen sind, von der Formpflicht entband (c. 1117 CIC/1983). Benedikt XVI. korrigierte diese Regelung durch das MP *Omnium in mentem* (2009) und stellte klar, dass ein Glaubensabfall keine Entpflichtung von der kanonischen Eheschließungsform nach sich ziehen kann.

18 S. Gaceta de Madrid, n. 240, 28.08.1906, 830–831.

19 Vgl. Cobacho López, Matrimonio civil 81.

20 Vgl. Olmos Ortega, El matrimonio 97.

unrechtmäßig zivil heirateten. Es folgte am 3. Juli 1906 eine Antwort des Amtsnachfolgers von García Pietro, López Domínguez, in der er deutlich machte, dass durch die Regelungen zur freien Wahl der Eheschließungsform weder konkordatäres Recht gebrochen noch in den kirchlichen Bereich eingegriffen wurde. Die Regelungen seien reine zivile Gesetze. Diejenigen katholisch getauften Ehepaare, die sich für eine zivile Eheschließung entschieden hätten, zeigten dadurch, dass sie sich nicht an die von der Kirche vorgesehene Form halten wollten und seiner Meinung nach fortschrittlicheren Ansichten gefolgt seien.[21]

Wenige Monate nach diesem Konflikt wurde die ursprüngliche Regelung von 1900 (*Real Orden* vom 28. Dezember 1900) durch den *Real Orden* vom 28. Februar 1907[22] wieder in Kraft gesetzt und gleichzeitig die des *Real Orden* vom 27. August 1906 derogiert.[23] Begründet wurde diese Derogation damit, dass die königliche Gesetzgebung zu viele Freiheiten eingeräumt habe, indem sie durch den *Real Orden* von 1906 Katholiken die Wahl zwischen zwei Eheschließungsformen zugestanden hätte. Außerdem wurde die allgemeine Norm eingeführt, dass bei allen Streitigkeiten über die beiden Eheschließungsformen zwischen zivilen und kirchlichen Gerichten ein Staatsanwalt angehört werden sollte, damit sich durch seine jeweiligen Stellungnahmen die geltenden Bestimmungen weiterentwickeln konnten.[24]

Im selben Jahr erließ die Konzilskongregation das Dekret *Ne temere* (2. August 1907), mit dem die Regelung des Dekretes *Tametsi*, dass alle Getauften bei ihrer Eheschließung die kanonische Form einzuhalten haben, geändert wurde. Von nun an sollten nicht mehr alle Getauften, sondern nur noch diejenigen zur Einhaltung der kanonischen Form verpflichtet sein, die katholisch sind oder waren, auch wenn sie eine/n Nichtkatholiken/in heiraten wollten. Allein die rein nichtkatholischen Eheschließungen unterlagen von vornherein nicht der Formpflicht.[25]

---

21 Abdrucke der sich im Archiv der Nuntiatur befindlichen Schreiben finden sich in Cobacho López, Matrimonio civil 85–90.

22 S. Gaceta de Madrid, n. 60, 01.03.1907, 781–782.

23 Vgl. Cobacho López, Relaciones 213–217.

24 Vgl. Olmos Ortega, El matrimonio 98. Ausführlich in Cobacho López, Matrimonio civil 116–131.

25 Vgl. Cobacho López, Matrimonio civil 131; Primetshofer, Die Eheschließung 948 f., 955 f.; Aymans/Mörsdorf, Lehrbuch 484 f.

Später bestimmte der *Real Orden* vom 28. Juni 1913[26], dass die einfache Erklärung über das fehlende Bekenntnis zum katholischen Glauben eines oder beider Nupturienten ausreiche, um von der Verpflichtung zur kanonischen Eheschließung zu befreien.[27]

Der *Codex Iuris Canonici* von 1917 wurde zwei Jahre nach seiner Promulgation durch Benedikt XV. durch einen *Pase Regio* in Form eines *Real Decreto*[28] in Spanien als kirchliches Gesetz in Kraft gesetzt.[29] Er regelte in c. 1099, dass zur Gültigkeit der Eheschließung alle zur Einhaltung der kanonischen Eheschließungsform verpflichtet seien, die in der katholischen Kirche getauft oder in sie aufgenommen wurden, auch wenn sie mit einem getauften oder nicht getauften Nichtkatholiken die Ehe schließen (auch bei Dispens von den Hindernissen der Konfessions- und Religionsverschiedenheit), sowie die Orientalen, die mit einem Angehörigen des lateinischen Ritus die Ehe schließen möchten. Pius XII. abrogierte 1948 durch das Motu proprio *Abrogatur alterum comma paragraphi secundae can. 1099* den § 2 des c. 1099, gemäß dem katholisch Getaufte, die schon von Kindheit an in einer anderen Konfession erzogen wurden, bislang nicht formpflichtig waren.

Trotz dieser zahlreichen Nachbesserungen des Art. 42 CC (1889) erreichte man keine Lösung[30], die von beiden Seiten akzeptiert wurde und Klarheit geschaffen hätte. Vielmehr gingen die zivile und die kirchliche Gesetzgebung unabhängige Wege. Zwar erkannte der *Código Civil* (1889) das kanonische Eheprozessrecht und das Konzil von Trient als Gesetze im Königreich Spanien für die kanonische Eheschließung, Ehenichtigkeit und Trennung an (Art. 75 CC [1889]), aber es gab bis zum Konkordat von 1953 keine einvernehmliche Regelung zwischen Staat und Kirche in Bezug auf die Ehe.

---

26 S. Gaceta de Madrid, n. 185, 04.07.1913, 35.

27 Vgl. Olmos Ortega, El matrimonio 99; Cobacho López, Matrimonio civil 143–144; Cobacho López, Relaciones 227.

28 S. Gaceta de Madrid, n. 140, 20.05.1919, 610.

29 Vgl. Vázquez García-Peñuela/Morales Payán, El Pase Regio 119 f.

30 Vgl. Olmos Ortega, El matrimonio 101.

1.2.1 Die zivile Wirkung der kanonischen Eheschließung

Damit die kanonisch geschlossene Ehe volle zivile Wirkung erlangen konnte, musste der Eheschließung entweder der städtische Richter oder ein staatlicher Beamter beiwohnen, um die Eheschließung anschließend in das Personenstandsregister, das *Registro Civil*, einzutragen (Art. 77 CC [1889]). Deshalb waren die Nupturienten verpflichtet, den Tag, den Ort und die Uhrzeit der geplanten Eheschließung mindestens 24 Stunden vorher dem städtischen Richter mitzuteilen; ansonsten drohte eine Strafzahlung von fünf bis 80 Pesetas. Den Erhalt der Mitteilung musste der Richter schriftlich bestätigen. Der Pfarrer durfte der Eheschließung nicht assistieren, wenn ihm diese Bestätigung nicht vorlag. Wenn der Richter oder Beamte nicht an der Eheschließung teilnahm, obwohl er fristgerecht über die Eheschließung informiert wurde, war es seine Pflicht, für die nachträgliche Eintragung ins *Registro Civil* zu sorgen und die entsprechende Gebühr (zwischen 20 und 100 Pesetas) aus eigener Tasche zu begleichen. In diesem Fall bestand die zivile Wirkung rückwirkend ab dem Eheschließungszeitpunkt. Sollten allerdings die Nupturienten das Fernbleiben des Richters bzw. Beamten verschuldet haben, hatten sie sich selbst um die Eintragung ins *Registro Civil* und die anfallenden Gebühren zu kümmern. In diesem Fall begann die zivile Wirkung der Eheschließung erst *ex nunc* mit der Eintragung ins *Registro Civil* (Art. 77 CC [1889]).

Für Eheschließungen in Todesgefahr waren diese Vorschriften weniger strikt; eine Eintragung ins *Registro Civil* war nachträglich möglich (Art. 78 CC [1889]).

Die geheime Eheschließung, die die cann. 1104–1107 CIC/1917 vorsahen, konnte jedoch keine zivile Wirkung erlangen, solange sie nicht öffentlich wurde und die Eheleute gegenüber ihrem Bischof gemeinsam die Einwilligung gaben, den Eintrag ihrer geheimen Eheschließung im bischöflichen Geheimarchiv zur Eintragung ins *Registro Civil* freizugeben. In diesem Fall bestand die zivile Wirkung *ex tunc* ab dem Eheschließungszeitpunkt (Art. 79 CC [1889]).

Die grundsätzlich obligatorische Anwesenheit eines staatlichen Beamten bei der kanonischen Eheschließung war vonseiten der Kirche nicht leicht zu akzeptieren. Es machte den Anschein, als wäre zur kanonischen Form als Gültigkeitsvoraussetzung noch ein Element des staatlichen Rechts hinzugekommen. Der Heilige Stuhl akzeptierte zwar die Anwesenheitspflicht des staatlichen Beamten, betonte aber, dass es sich nur um eine staatliche Norm handelte, die zur Eintragung der Ehe ins *Registro Civil* notwendig war, von der aber die Gültigkeit der kanonischen Eheschließung nicht abhinge.[31]

Das staatliche Recht erlaubte Katholiken somit nicht, eine rein kanonische Ehe ohne zivile Rechtswirkungen zu schließen. Zusammen mit der zivilen Anerkennung der kanonischen Eheschließung und deren ziviler Wirkung mussten sie auch die staatlichen Rechtsfolgen einer Ehe und das staatliche Eheverständnis tolerieren, auch wenn sie dieses nicht teilten. Damit knüpfte der Staat an kirchliche Handlungen zivile Wirkungen, ohne dass die Kirche zuvor damit einverstanden gewesen wäre. Die Kirche definiert die kanonische Ehe allein für ihren Bereich. In Spanien jedoch kamen die Vorstellungen des Staates ungefragt und unausweichlich mit hinzu. Der *Código Civil* (1889) regelte für die Ehe beispielsweise, dass die Frau dem Mann gehorchen müsse (Art. 57), die Frau dem Mann dorthin zu folgen habe, wo er entscheidet, zu leben (Art. 58)[32], und dass der Mann das Familienvermögen allein zu verwalten habe (Art. 59) und seine Frau vor Gericht zu vertreten habe, sofern er nicht einwilligte, dass sie sich selbst vertreten durfte (Art. 60). Dieses Eheverständnis dürfte damals vermutlich dem Verständnis breiter Kreise der Bevölkerung entsprochen haben, das kanonische Recht verhielt sich hierzu jedoch neutral und ließ diese Fragen ungeregelt. Dennoch folgten diese Verpflichtungen unmittelbar aus der kanonischen Eheschließung, an die unabhängig vom Willen der Nupturienten zivile Rechtsfolgen geknüpft wurden.

1.2.2 *Die zivile Anerkennung von kanonischen Auflösungen und Annullierungen*

Der Grundsatz der Unauflöslichkeit der Ehe bestand nicht nur im kanonischen, sondern auch im zivilen Recht. Art. 52 CC (1889) regelte, dass die zivile Ehe nur durch den Tod eines der Ehepartner gelöst werden konnte.

---

31 Vgl. Sánchez-Girón Renedo, Anotaciones históricas 780 f.

32 Ein Gericht konnte die Frau von dieser Pflicht befreien, wenn der Mann auf einem anderen Kontinent oder im Ausland leben wollte (vgl. Art. 58 CC [1889]).

In diesem Punkt folgte die zivile Gesetzgebung inhaltlich dem Kirchenrecht. Der *Código Civil* (1889) kannte auch die Möglichkeit der Nichtigerklärung (Artt. 101–103 CC [1889]) und der Trennung bei bestehendem Eheband (Artt. 104–107 CC [1889]).

Art. 75 CC (1889) bestätigte die Normen des Konzils von Trient und die Normen des kirchlichen Eheprozessrechts als Gesetze des spanischen Königreichs.[33] Die kanonische Eheschließung war eine vom Staat anerkannte und von der zivilen Eheschließung unabhängige Institution. Ebenso verhielt es sich mit der kirchlichen Gerichtsbarkeit in Eheangelegenheiten.[34] Die alleinige Zuständigkeit der kirchlichen Gerichte für die Prozesse zur Feststellung der Nichtigkeit der Ehen und zur Trennung der Ehegatten bei bleibendem Eheband von kanonisch geschlossenen Ehen wurde durch Art. 80 CC (1889) anerkannt. Gemäß Art. 82 CC (1889) sollte die verfahrensabschließende Entscheidung eines kirchlichen Gerichts über die Nichtigkeit oder Trennung dem zivilen Gericht mit dem Antrag, die zivilen Folgen der Entscheidung des Kirchengerichts in das *Registro Civil* einzutragen, zugeleitet werden. Die zivilen Folgen der kirchlichen Nichtigkeitsurteile, wie die Regelung des Sorgerechts für die Kinder und die Aufteilung der ehelichen Güter, waren in den Artt. 70 bis 74 CC (1889) geregelt. In der Regel sollten Kinder unter drei Jahren bei der Mutter bleiben. Mädchen über drei Jahren kamen in die Obhut ihrer Mutter, während Jungen über drei Jahren in die Obhut ihres Vaters kamen. Abweichendes galt, wenn einer oder beide Partner Schuld an der Trennung (*mala fe*) waren. Bei Schuld eines Ehegatten sollten die Kinder immer bei dem unschuldigen Partner bleiben (Art. 73, 1° CC [1889]). Traf beide Ehegatten Schuld an der Trennung, sollten die Kinder bei anderen Personen untergebracht werden (Artt. 70, 71 CC [1889]).[35]

Abgesehen davon, dass die Schuld an der Trennung der Partner häufig nicht eindeutig an einer Person festgemacht werden kann, fragte diese Regelung nicht nach der Eignung zur Kindererziehung. Ebenso wenig beachtete der Grundsatz, dass bei fehlender Schuld eines Ehegatten Mädchen bei der Mutter und Jungen beim Vater aufwachsen sollten, sofern sie älter als drei

33 Vgl. López Alarcón/Navarro-Valls, Curso de derecho 41; Babé, Notas históricas 1013.

34 Vgl. Cañamares Arribas, El sistema matrimonial 261.

35 Vgl. Olmos Ortega, El matrimonio 103.

Jahre alt waren, das Wohl der Kinder. Diese strenge Festlegung verhinderte eine freie Entscheidung der Kinder, bei welchem Elternteil sie leben wollten. Es war selbstverständlich nicht auszuschließen, dass derjenige Partner, der Schuld an der Trennung hatte, sehr gut zur Kindererziehung geeignet war. Und wenn beiden Partnern die Schuld an der Trennung zugesprochen wurde, war sowohl den Eltern wie den Kindern die Möglichkeit auf ein gemeinsames Leben genommen. Fragen wie Gleichstellung und Kindeswohl nahm der *Código Civil* (1889) noch nicht in den Blick.

2. Die *Constitución Española* von 1931 und ihre Folgen

Mit der Errichtung der zweiten spanischen Republik und deren neuer Verfassung vom 9. Dezember 1931[36] wurden die vollständige Trennung von Staat und Kirche (Art. 26 CE [1931]), die absolute Gleichheit der Eheleute sowie die Möglichkeit der Ehescheidung auf Antrag eines Ehegatten (Art. 43 CE [1931]) eingeführt.

Am 3. Dezember 1931 trat zivilrechtlich ein *Decreto* in Kraft[37], das den zivilen Gerichten die ausschließliche Zuständigkeit für die Entscheidung über Anträge auf Trennung und Nichtigkeit der Ehe mit Wirkung für den zivilen Rechtskreis übertrug, unabhängig in welcher Form die Ehe geschlossen wurde. Dieses Dekret wurde jedoch am 10. Dezember 1931 bis zum Inkrafttreten des neuen Scheidungsgesetzes (*Ley de divorcio*) von 1932 wieder außer Kraft gesetzt.[38]

Das Justizministerium erklärte am 10. Februar 1932 provisorisch, dass der *Real Orden* vom 28. Dezember 1900 derogiert sei und von niemandem, der eine zivile Eheschließung wünsche, eine Erklärung über seinen Glauben verlangt werde. Damit war das System der fakultativen Zivilehe eingeführt worden.[39]

Art. 1 der *Ley de divorcio* vom 2. März 1932[40] legte fest, dass ein rechtskräftiges Scheidungsurteil durch ein ziviles Gericht jedwede Ehe scheidet, an welchem Tag und in welcher Form sie auch immer geschlossen wurde.

---

36 S. Gaceta de Madrid, n. 344, 10.12.1931, 1578–1588.
37 S. Gaceta de Madrid, n. 345, 11.12.1931, 1617.
38 Vgl. Olmos Ortega, El matrimonio 104.
39 Vgl. ebd. 105.
40 S. Gaceta de Madrid, n. 71, 11.03.1932, 1762–1767.

Bis dahin kannte das spanische Recht nur drei Familienstände, und zwar ledig, verheiratet und verwitwet. Den Familienstand geschieden gab es in der spanischen Gesetzgebung noch nicht, sodass zunächst die Diskussion aufkam, ob Geschiedene als verwitwet oder ledig geführt werden sollten[41].

Wesentlich schwieriger gestaltete sich jedoch die Frage, wie mit dem Passus „*cualquiera que hubieran sido la forma y la fecha de su celebración*“[42] (Art. 1 *Ley del divorcio*) umzugehen sei, da er unmittelbar den kirchlichen Rechtskreis berührte. Zunächst schien dieser Passus zu bedeuten, dass das Gesetz rückwirkend gelten sollte, da das Datum der Eheschließung als irrelevant für die Scheidung angesehen wurde. Es konnte demnach auch auf Ehen angewandt werden, die vor dem Inkrafttreten der *Ley del divorcio* geschlossen wurden.[43]

Ferner stellte sich die Frage nach der Form. Kanonisch geschlossene Ehen konnten und können nur von einem kirchlichen Gericht für nichtig erklärt oder vom Papst (bei Nichtvollzug[44] oder im Falle von nichtsakramentalen Ehen[45]) oder in Anwendung des *Privilegium Paulinum*[46] aufgelöst werden. Der staatliche Gesetzgeber setzte sich allerdings darüber hinweg und griff damit massiv in die kirchliche Rechtsordnung ein. Zumindest für den zivilen Bereich sollte gelten, dass auch kanonisch geschlossene Ehen geschieden werden konnten. Kirchenrechtlich waren diese Scheidungen jedoch nicht wirksam. Wurde die Ehe nicht von einem kirchlichen Gericht für nichtig erklärt oder durch einen päpstlichen Gnadenakt aufgelöst, bestand das Eheband aus kirchenrechtlicher Sicht weiter.

---

41 Vgl. Vidal y Moya/Grases Vidal, Comentarios 122–124. Für die Autoren überwiegen die Argumente, den Geschiedenen den Status des Ledigen zu geben.

42 Dt.: „An welchem Tag und in welcher Form auch immer die Ehe geschlossen wurde.“

43 Vgl. Vidal y Moya/Grases Vidal, Comentarios 125 f.

44 S. c. 248 § 3 CIC/1917.

45 S. Sacra Congregatio Sancti Officii, Normae pro conficiendo processu in casibus solutionis vinculi matrimonialis in favorem fidei per supremam Summi Pontificis auctoritatem (01.05.1934), Vatikanstadt 1934. Bereits mehrere Jahre vor Inkrafttreten dieser Normen wurden entsprechende Eheauflösungen durchgeführt. Vgl. Güthoff, Das *Privilegium Petrinum* 250.

46 S. cc. 1120–1124, 1126 CIC/1917.

Im selben Jahr wurde durch die *Ley del matrimonio civil obligatorio*[47] vom 28. Juni 1932 das System der Zwangszivilehe eingeführt, und zwar als einzige zivilrechtlich gültige Eheschließungsform. Die kirchliche Eheschließung und die kirchlichen Ehenichtigkeitserklärungen sowie Trennungsurteile verloren dadurch jede zivile Wirkung (Artt. 1, 4 *Ley del matrimonio civil obligatorio* [1932]).

Eine besondere Kuriosität enthält Art. 4 der *Ley del matrimonio civil obligatorio* (1932), wonach zivile Gerichte über kanonisch geschlossene Ehen nach dem zum Zeitpunkt der Eheschließung gültigen kanonischen Recht urteilen konnten. Damit griff die zivile Gesetzgebung massiv in den Zuständigkeitsbereich der katholischen Kirche ein. Die kanonische Ehe war nach dieser Regelung zwar nicht nach Kirchenrecht, aber immerhin zivil auflösbar.

Nach Ende des Bürgerkriegs erließ die neue Regierung 1938 Gesetze über die Verfahren zu Trennung und Scheidung. Etwa sechs Jahre später wurde die *Ley del matrimonio civil obligatorio* vom 28. Juni 1932 durch ein Gesetz vom 21. März 1938[48] rückwirkend derogiert. Alle kanonischen Eheschließungen, die während der Gültigkeit der *Ley del matrimonio civil obligatorio* geschlossen wurden, erlangten rückwirkend volle zivile Wirkung ab dem Eheschließungszeitpunkt und sollten ins *Registro Civil* eingetragen werden. Die Vorschriften, die vor der *Ley del matrimonio civil obligatorio* galten, traten wieder in Kraft.[49]

Anschließend daran erklärte der *Orden* vom 22. März 1938[50], dass eine zivile Eheschließung weder zivil noch kanonisch gültig sei, wenn nicht wenigstens einer der Nupturienten eine Erklärung abgebe, dass er nicht dem katholischen Glauben folge.[51]

---

47 S. Gaceta de Madrid, n. 185, 03.07.1932, 60.

48 S. BOE n. 516, 21.03.1938, 6353–6354.

49 Vgl. Olmos Ortega, El matrimonio 107.

50 S. BOE n. 520, 25.03.1938, 6417–6418.

51 Als neue Gültigkeitsvoraussetzung für die zivile Eheschließung führte der Staat nun die Erklärung mindestens eines der Partner ein, nicht katholisch zu sein. Wie die Ausführungen unter „1.2 Der *Código Civil* von 1889 und seine Folgen“ zeigen, hatte das Abschwören vom Glauben sowohl im zivilrechtlichen als auch im kanonischen Bereich Folgen. Das kanonische Recht sah für diesen Fall die Exkommunikation vor, und das zivile Recht überspannte die Anforderungen an die Gewissensentscheidung der Bürger.

Die *Ley de divorcio* vom 2. März 1932 und die hierzu erlassenen ergänzenden Ausführungsbestimmungen wurden durch das Gesetz vom 23. September 1939[52] derogiert. Auf Antrag mindestens einer Partei sollten die rechtskräftigen Nichtigkeitsurteile aus der Zeit der Republik, die kanonisch geschlossene Ehen betrafen, für nichtig erklärt werden. Ebenso sollten die bereits neu geschlossenen Ehen dieser Parteien für nichtig erklärt werden. Solange das kanonische Eheband noch bestand, durfte niemand eine neue, auch keine zivile Ehe eingehen. Für viele Paare, die nach einer zivilrechtlichen Annullierung eine zweite Ehe eingingen oder eingehen wollten, war das eine unlösbare Situation, sowohl moralisch als auch juristisch. Diese zweite Ehe wurde nicht ins *Registro Civil* eingetragen. Sie konnten nicht rein kanonisch heiraten, weil die kanonische Ehe immer zivile Wirkung hatte. Eine andere Person durften sie aber auch nicht heiraten. Da das allerdings in den ersten Jahren nach Einführung des Gesetzes trotzdem vorkam, kam es zu nicht tragbaren Konstellationen, wie z.B. eine Frau, die vordergründig gesehen zwei Ehemänner hatte bzw. umgekehrt. Doch die Lösung befand sich bereits im *Código Civil* von 1889, der regelte, dass keine kanonische oder zivile Eheschließung zivile Wirkungen nach sich ziehen konnte, wenn einer der Nupturienten bereits legitim verheiratet war (Art. 51 CC). Art. 52 CC fügte hinzu, dass die einzige Möglichkeit, ein Eheband zu lösen, der Tod eines oder beider Ehepartner sei.[53]

In der Dekade von 1941 bis 1951 gab es zahlreiche *Resoluciones*, die versuchten, Schwierigkeiten und Unstimmigkeiten zu lösen.

Eine *Resolución* von 1941 bestimmte, dass bei denjenigen, die die Ehe zivil und kanonisch geschlossen haben, nur die kanonische Eheschließung ins *Registro Civil* eingetragen werden dürfe. Denn das sei die einzige Form, die wegen des universalen Charakters der kirchlichen Gesetze in allen Ländern wirksam sei. Eine *Resolución* von 1945 beschäftigte sich mit kanonischen Ehen, die nicht ins *Registro Civil* eingetragen worden waren. Sie hatten keinerlei zivile Wirkung. Die spanische Gesetzgebung schützte lediglich ins *Registro Civil* aufgenommene Ehen. War die Ehe einmal dort eingetragen, bestimmte sie neben der Unauflöslichkeit des Ehebandes auch

52 S. BOE n. 278, 05.10.1939, 5574–5575.

53 Vgl. Regatillo, El Concordato 380 f.

die Nationalität des Ehemannes für die Ehefrau und die Kinder. Ferner bestimmte eine *Resolución* die generelle Nichtigkeit von Ehen, die nach der Scheidung einer kanonischen Ehe zivil geschlossen wurden, und von Ehen, bei deren Schließung kein städtischer Richter zugegen war, sowie die generelle Gültigkeit aller Ehen, die während des Bürgerkriegs (1936–1939) kanonisch oder zivil geschlossen wurden, und die Pflicht für Katholiken, die Ehe in kanonischer Form einzugehen.[54]

Nach der raschen Abfolge von Gesetzen, Aufhebungen und Neuregelungen herrschte eine große Rechtsunsicherheit. Es war daher höchste Zeit, Lösungen für die Unklarheiten zu finden. Ein großer Schritt in diese Richtung war das Konkordat zwischen Spanien und dem Heiligen Stuhl von 1953.

3. Das Konkordat von 1953

Nach den turbulenten Entwicklungen des spanischen Eherechts seit dem *Código Civil* von 1889 und der oben dargestellten unsteten staatlichen Gesetzgebung der verschiedenen Regierungen wurde 1953 das Konkordat zwischen Spanien und dem Heiligen Stuhl abgeschlossen. Dies brachte jedoch noch keineswegs eine klare Rechtslage. Die Entwicklung des spanischen Ehe- und Eheprozessrechts setzte sich noch über mehrere Jahrzehnte fort.

Das Konkordat zwischen Spanien und dem Heiligen Stuhl von 1953 wurde während des Pontifikats von Papst Pius XII. (1939–1958) und des Regimes des Francisco Franco (1939–1975) geschlossen. Es wurde am 27. August 1953 von Pro-Staatssekretär Domenico Tardini, dem spanischen Außenminister Alberto Martín Artajo sowie dem spanischen Botschafter am Heiligen Stuhl, Fernando María Castiella y Maiz, unterzeichnet.

Die 26 Artikel des Konkordats regelten neben zahlreichen anderen Materien die staatliche Anerkennung von kirchlich geschlossenen Ehen und die kanonische Eheschließung von Minderjährigen, bestätigten die Kompetenzen der *Rota Española* und bestimmten die Anerkennung der kanonischen Ehenichtigkeitserklärung für den zivilen Bereich in den Artikeln XXIII, XXIV und XXV sowie im *Protocolo final* zum Konkordat.

---

54 Vgl. Olmos Ortega, El matrimonio 110–115.

3.1 Die zivile Wirkung der kanonischen Eheschließung

Das Konkordat regelte die zivile Anerkennung der kanonisch geschlossenen Ehen folgendermaßen:

> ***Art. XXIII*** *El Estado español reconoce plenos efectos civiles al matrimonio celebrado según las normas del Derecho Canónico.*

Gemäß Art. XXIII des Konkordats erkannte der spanische Staat die volle zivile Wirkung der nach den Normen des kanonischen Rechts geschlossenen Ehen an.

Die Anerkennung der kanonisch geschlossenen Ehen galt gemäß Art. XXIII für drei Fallgruppen:

1. Für diejenigen Paare, bei denen beide Partner in der katholischen Kirche getauft oder in sie aufgenommen wurden, gemäß c. 1099 § 1, 1° CIC/1917.
2. Für diejenigen Paare, in denen einer katholisch getauft und einer nicht katholisch (getauft oder ungetauft) war, gemäß c. 1099 § 1, 2° CIC/1917. Für diese Fälle sah das Schlussprotokoll des Konkordats vor, dass das zivile Recht hinsichtlich der *matrimonia mixta* in Einklang mit dem kanonischen Recht gebracht werden sollte.[55] Die Möglichkeit der zivilen Anerkennung dieser kanonisch geschlossenen Ehen, die in Art. XXIII geregelt war, wiederholt sich im Schlussprotokoll, ohne neue Regelungen zu treffen. Die Regelung, dass konfessions- und religionsverschiedene Ehen, die kanonisch geschlossen wurden, in Einklang zwischen zivilem und kanonischem Recht anerkannt wurden, wäre nicht notwendig gewesen, da c. 1099 § 1, 2 CIC/1917 die konfessions- und religionsverschiedenen Ehen schon vorsah.[56] REGATILLO interpretiert diese Norm dahin gehend, dass der Staat keiner konfessions- oder religionsverschiedenen Ehe die zivile Wirkung zuerkannte, die nicht gemäß den Normen der katholischen Kirche geschlossen wurde.[57]

---

55 "*En materia de reconocimiento de matrimonio mixto entre personas católicas y no católicas, el Estado pondrá en armonía su propia legislación con el Derecho Canónico.*" (XXIII C *Protocolo final*).

56 Vgl. del Amo, Los matrimonios civiles 548.

57 Vgl. Regatillo, El Concordato 349.

3. Für diejenigen Getauften, die außerhalb der katholischen Kirche getauft wurden und nie zum katholischen Glauben konvertiert sind, sofern ihnen die kanonische Eheschließung gewährt wurde, gemäß cc. 1099 § 2 in Verbindung mit den cc. 12, 87 und 1038 § 2 CIC/1917.[58]

Im Schlussprotokoll des Konkordats wurde klargestellt, dass keine der kanonisch geschlossenen Ehen für die zivile Anerkennung notwendigerweise der Präsenz eines staatlichen Beamten bedurfte:

> ***XXIII A 1 Protocolo final del Concordato 1953*** *En ningún caso la presencia del funcionario del Estado en la celebración del matrimonio canónico será considerada condición necesaria para el reconocimiento de sus efectos civiles.*

Für die Anerkennung der Ehe durch den Staat genügte die Eintragung der erfolgten Eheschließung ins *Registro Civil*. Selbst wenn die kanonische Eheschließung nicht sofort ins *Registro Civil* eingetragen wurde, bestand uneingeschränkt die Möglichkeit einer späteren Eintragung, sofern einer der Partner oder jemand, der ein legitimes Interesse daran hatte, das beantragte. Damit konnten Kinder gemeint sein, die aus dieser Ehe hervorgingen. Die Vorlage einer kirchlichen Eheschließungsurkunde, die vom Pfarrer des Eheschließungsortes ausgestellt wurde, genügte für diesen Antrag. Der Tod eines der Ehepartner stellte kein Hindernis für die Eintragung ins *Registro Civil* dar (XXIII A *Protocolo final*).[59]

3.2 Die zivile Anerkennung von kanonischen Auflösungen und Annullierungen

Zur Anerkennung von kanonischen Trennungen und Annullierungen regelte das Konkordat in Art. XXIV:

> ***Art. XXIV n. 1.*** *El Estado español reconoce la competencia exclusiva de los Tribunales y Dicasterios eclesiásticos en las causas referentes a la nulidad del matrimonio canónico y a la separación de los cónyuges, en la dispensa del matrimonio rato y no consumado y en el procedimiento relativo al Privilegio Paulino.*

Die ausschließliche Zuständigkeit der kirchlichen Gerichte in Fällen der Nichtigkeit der kanonischen Ehe und der Trennung der Gatten, der

58 Vgl. del Amo, Los matrimonios civiles 547 f.
59 Vgl. Regatillo, El Concordato 364–365.

Auflösung der geschlossenen und nicht vollzogenen Ehe und des Verfahrens des *Privilegium Paulinum* wurde vom spanischen Staat anerkannt (Art. XXIV n. 1).

Art. XXIV n. 2. Incoada y admitida ante el Tribunal eclesiástico una demanda de separación o de nulidad, corresponde al Tribunal civil dictar, a instancia de la parte interesada, las normas y medidas precautorias que regulen los efectos civiles relacionados con el procedimiento pendiente.

n. 3. Las sentencias y resoluciones de que se trate, cuando sean firmes y ejecutivas, serán comunicadas por el Tribunal eclesiástico al Tribunal civil competente, el cual decretará lo necesario para su ejecución en cuanto a efectos civiles y ordenará — cuando se trate de nulidad, de dispensa "super rato" o aplicación del Privilegio Paulino — que sean anotadas en el Registro del Estado Civil al margen del acta de matrimonio.

n. 4. En general todas las sentencias, decisiones en vía administrativa y decretos emanados de las Autoridades eclesiásticas en cualquier materia dentro del ámbito de su competencia, tendrán también efecto en el orden civil cuando hubieren sido comunicados a las competentes Autoridades del Estado, las cuales prestarán, además, el apoyo necesario para su ejecución.

Wenn ein Antrag auf Trennung oder Nichtigkeit vom kirchlichen Gericht angenommen wurde, lag es in der Zuständigkeit des zivilen Gerichts, auf Antrag einer Partei die Maßnahmen zu treffen, die die zivilen Folgen des jeweiligen Prozesses regelten (Art. XXIV n. 2). Sowohl die Urteile als auch die Auflösungen wurden, wenn sie rechtskräftig waren, vom kirchlichen Gericht dem zuständigen zivilen Gericht übermittelt, welches das Notwendige für die Ausführung der zivilen Wirkung verfügte, wenn es sich um Nichtigkeit, Auflösung *super rato* oder Anwendung des *Privilegium Paulinum* handelte, damit sie im *Registro Civil* in der Eheakte vermerkt werden konnten (Art. XXIV n. 3).

Die zu diesem Zeitpunkt bereits seit etwa 20 Jahren offiziell bestehende Möglichkeit der Auflösung nichtsakramentaler Ehen *in favorem fidei* wurde im Konkordat nicht als Eheauflösung mit zivilen Folgen vorgesehen. In diesem Zusammenhang stellt sich die Frage, ob die Kirche bei Abschluss des Konkordats die Anerkennung dieses Auflösungsverfahrens nicht durchsetzen konnte oder ob sie kein Interesse daran hatte, dass diese Auflösungen zivil anerkannt werden. Zudem stellt sich die Frage, weshalb der Staat nicht auch dieses kirchliche Auflösungsverfahren hätte anerkennen sollen. Aus der Sicht des Staates ist es unerheblich, ob er eine Eheauflösung *in favorem fidei* anerkennt oder aufgrund des *Privilegium Paulinum*. Es ist nicht klar, warum allein das *Privilegium Paulinum* berücksichtigt wurde. Somit ist nicht anzunehmen, dass der Staat die Auflösung nichtsakramentaler Ehen deshalb nicht anerkennen wollte, weil im zivilen Recht keine Auflösung wegen Glaubensfragen vorgesehen war. Anzumerken ist, dass die zivile Anerkennung des *Privilegium Paulinum* nur bis 1979 bestehen sollte.

Die Überlegung, dass die Kirche möglicherweise von sich aus kein Interesse hatte, die Anerkennung von Eheauflösungen *in favorem fidei* ins Konkordat aufzunehmen, erscheint ebenfalls fernliegend. Möglicherweise gab es zum damaligen Zeitpunkt in Spanien aufgrund der geringen Zahl religionsverschiedener Ehen kaum Bedarf für ein solches Verfahren.

Grundsätzlich sollten alle Urteile, administrative Entscheidungen und Dekrete der kirchlichen Autoritäten in jeder Materie ihres Zuständigkeitsbereichs zivilrechtliche Wirkung entfalten, wenn sie an die zuständigen Autoritäten des Staates übermittelt wurden, die die Umsetzung durchführten (Art. XXIV n. 4).

Die zivilen Folgen der Trennung der Ehegatten gemäß kanonischem Recht (cc. 1128–1132 CIC/1917) regelte Art. 73 CC (1889). Die physische Trennung der Partner ließ das Eheband unangetastet. Dennoch mussten Regelungen, vor allem im Hinblick auf die Betreuung der gemeinsamen Kinder getroffen werden. Der *Código Civil* (1889) unterschied zwischen dem an der Trennung schuldigen und dem unschuldigen Partner. Letzterer erhielt das Sorgerecht für die gemeinsamen Kinder. Es war aber auch möglich, dass beide Partner als schuldig verurteilt wurden. In diesem Fall musste das Gericht entscheiden, wem das Sorgerecht für die Kinder übertragen werden sollte. Im Falle des Todes des unschuldigen Partners ging das Sorgerecht an den anderen Partner.[60]

3.3 Die Rota Española

Die *Rota Española*, auch *Rota de la Nunciatura Apostólica* genannt, die am 7. April 1947 durch das MP *Apostolico Hispaniarum Nuntio* von Papst

---

60 Vgl. Regatillo, El Concordato 376. Diese Regelungen missachteten das Wohl des Kindes, das selbst mitentscheiden sollte, bei wem es leben sollte, und verkannte, dass die Schuld an einer Trennung vom Ehegatten nichts mit der Fähigkeit zur Kindererziehung zu tun hat. Vgl. oben „1.2.2 Die zivile Anerkennung von kanonischen Auflösungen und Annullierungen“.

Pius XII. wieder hergestellt wurde[61], gründet auf einem Privileg, das der Heilige Stuhl im Konkordat von 1953 bestätigte. Das Gericht setzt sich aus sieben vom Heiligen Stuhl ernannten Richtern und einem Vorsitzenden, der *primus inter pares* ist, zusammen (Artt. 2 und 6, 1° MP *Apostolico Hispaniarum Nuntio*). Die *Rota Española* ist zweite Instanz für die Metropolitangerichte in Spanien und für die unmittelbaren Angelegenheiten des Heiligen Stuhls, dritte Instanz für die Fälle, die in zweiter Instanz von einem Metropolitangericht oder von derselben *Rota Española* beurteilt wurden, sowie ggf. vierte Instanz in Fällen, die in erster Instanz vom Suffragangericht, in zweiter Instanz vom Metropolitangericht und in dritter Instanz an der *Rota Española* beurteilt wurden. Wenn in der vierten und fünften Instanz wegen einer Klage auf Wiederaufnahme eines Verfahrens oder eines Rechtsstreits um die Nichtigkeit oder wegen der Wiedereinsetzung in den vorigen Stand eine neue Instanz erforderlich ist und der Rota Española aus irgendeinem Grund die notwenigen Richter zur Bildung eines neuen Turnus´ fehlen, wird der Rechtsstreit durch ein päpstliches Reskript[62] an die Römische Rota abgegeben.[63]

Das Konkordat bestätigt diese und die anderen im MP *Apostolico Hispaniarum Nuntio* festgesetzten Normen bezüglich der Kompetenzen und Struktur der *Rota Española* wie folgt:

> *Art. XXV n. 1. La Santa Sede confirma el privilegio concedido a España de que sean conocidas y decididas determinadas causas ante el Tribunal de la Rota de la Nunciatura Apostólica, conforme al "Motu Proprio" Pontificio del 7 de Abril de 1947 que restablece dicho Tribunal.*

In Spanien gilt das Privileg, dass bestimmte Fälle vor dem Gericht der Rota der Apostolischen Nuntiatur entschieden werden können. Im Konkordat bestätigt der Heilige Stuhl dieses Privileg (Art. XXV n. 1).

Zusätzlich wurde im Konkordat eine Regelung vereinbart, die die Zusammensetzung des Richterkollegiums der *Rota Romana* betrifft. Hier wird die lange Tradition[64] bestätigt, dass dem Richterkollegium der *Rota*

---

61 Zur Geschichte der *Rota Española* vgl. Regatillo, El Concordato 382–385.

62 Vgl. Killermann, Die Rota Romana 258.

63 Vgl. Art. 38 n. 1 MP *Apostolico Hispaniarum Nuntio*; Regatillo, El Concordato 393.

64 Diese Tradition geht bereits auf das 14. Jahrhundert zurück. Damals durfte der spanische König jeweils einen Auditor für Kastilien und Aragón bestellen.

Romana immer mindestens zwei Spanier, einer aus dem früheren Königreich Kastilien und einer aus dem früheren Königreich Aragón, angehören sollen:

> *Art. XXV n. 2. Siempre formarán parte del Tribunal de la Sagrada Rota Romana dos Auditores de nacionalidad española que ocuparán las sillas tradicionales de Aragón y Castilla.*

3.4 Die Ehe von Minderjährigen

Bei den Eheschließungen von Minderjährigen wurden auch von zivilrechtlicher Seite die Normen der cc. 1034 und 1035 CIC/1917 als Grundlage genommen (XXIII B *Protocolo final*). Minderjährigen – Personen, die jünger als 21 Jahre alt waren (c. 88 CIC/1917) –, die gegen oder ohne das Wissen ihrer Eltern oder gar gegen deren Willen die Ehe schließen wollten, sollte vom Pfarrer von einer Eheschließung abgeraten werden. Konnte er den Willen der Nupturienten nicht beugen, durfte er der Eheschließung erst assistieren, nachdem er den Ortsordinarius um Rat gefragt hatte.

Dieser hätte z.B. raten können, mit der Eheschließung noch einige Zeit zu warten. Oder er hätte die Eheschließung erlauben können, wenn keine gravierenden Einwände vorgelegen hätten bzw. wenn Einwände gegen einen Aufschub der Eheschließung bestanden hätten. Der CIC/1917 regelte allerdings nicht, dass eine Ehe von Minderjährigen, die entgegen der Vorschriften der cc. 1034 und 1035 CIC/1917 geschlossen wurde, ungültig war. Das ließe sich auch weder aus früheren Normen noch aus dem *ius divinum* ableiten.[65]

3.5 Die Reform des Código Civil von 1958

Als Folge des Konkordats von 1953 wurden die eherechtlichen Normen des *Código Civil* (1889) überarbeitet und am 25. April 1958[66] rechtskräftig.

Vgl. Killermann, Die Rota Romana 77. Die ersten beiden Rota-Richter aus Spanien waren der aus Aragón stammende bedeutende Kanonist St. Raimundo von Peñafort (1178–1275) und der aus Kastilien stammende Juan Cruzat (dort erwähnt: 1350). Vgl. Regatillo, El Concordato 400; Beltrán de Heredia, Bulario 140.

65 Vgl. Regatillo, El Concordato 355.

66 S. BOE n. 99, 25.04.1958, 730–738.

Der Art. 42 CC (1889) wurde reformiert und durch folgende Formulierung ersetzt:

> *Art. 42 CC (1958) La Ley reconoce dos clases de matrimonios: el canónico y el civil.*
>
> *El matrimonio habrá de contraerse canónicamente cuando uno al menos de los contrayentes profese la religión católica.*
>
> *Se autoriza el matrimonio civil cuando se pruebe que ninguno de los contrayentes profesa la religión católica.*

Das Gesetz erkannte nun zwei Formen von Ehen an, nämlich die kanonische und die zivile. Wenn sich wenigstens einer der beiden Nupturienten zum katholischen Glauben bekannte, war die Ehe kanonisch zu schließen. Die zivile Eheschließung war nur erlaubt, wenn bewiesen war, dass sich keiner der Nupturienten zum katholischen Glauben bekannte[67] (Art. 42 CC [1958]).

Der bis dahin geltende Art. 42 CC (1889) brachte sehr viel Verwirrung und Unklarheit. Es wurde letztlich juristisch nie geklärt, was es bedeutete, dass diejenigen, die den katholischen Glauben bekannten, die Ehe in kanonischer Form schließen mussten. Man suchte jahrzehntelang nach einer klaren juristischen Formulierung. Der reformierte Art. 42 CC (1958) brachte in diesem Zusammenhang endlich mehr Klarheit.[68]

Artt. 75 und 76 CC (1958) regelten die volle zivile Wirkung der kanonischen Eheschließung. Durch die Eintragung in das *Registro Civil* erlangte die kanonische Ehe ihre volle zivile Anerkennung ab dem Eheschließungszeitpunkt.[69]

Ebenso wie die kanonische Eheschließung wurden auch die kanonische Ehenichtigkeit, die Trennung der Ehegatten sowie die Auflösung *super rato* und durch das *Privilegium Paulinum* zivil anerkannt (Art. 80 CC [1958]). Da die Eheauflösung *in favorem fidei* im Konkordat keine Rolle spielt, ist es auch in den *Código Civil* nicht aufgenommen worden.

---

67 Der Beweis konnte nur durch das Abschwören vom katholischen Glauben erbracht werden. S. zu dieser Problematik die Ausführungen unter „1.2 Der *Código Civil* von 1889 und seine Folgen".

68 Vgl. Sánchez-Girón, Anotaciones históricas 784–786.

69 Vgl. Cañamares Arribas, El sistema matrimonial 262.

Art. 80 CC (1958) bestätigte die ausschließliche Kompetenz der kirchlichen Gerichte in Verfahren zur kanonischen Nichtigerklärung, der Trennung der Ehegatten, der Eheauflösungen *super rato* und dem *Privilegium Paulinum*[70] nach kirchlichem Recht. Demnach hatten die kirchlichen Urteile und Auflösungen gemäß Art. 82 CC (1958) Wirkung in der zivilen Rechtsordnung.[71]

---

70 Zur Trennung der Partner und dem *Privilegium Paulinum* nach 1958 vgl. Regatillo, Derecho matrimonial 301–312.

71 Vgl. Cañamares Arribas, El sistema matrimonial 262.

II. Das geltende Recht zur Konkordatsehe

Spanien ist ein Mehrrechtsstaat mit 17 autonomen Gemeinschaften.[72] Einige Gesetzgebungsmaterien, wie auch das Familienrecht, liegen ganz oder teilweise in der Kompetenz dieser autonomen Gemeinschaften.[73] Im Hinblick auf die konkordatären Vereinbarungen zwischen Spanien und dem Heiligen Stuhl ist das nicht relevant, denn diese gelten für ganz Spanien. Allerdings kann das System des Mehrrechtsstaats für die zivilen Gesetze relevant sein, die als Folge der staatskirchenrechtlichen Vereinbarungen entstanden sind, um diese zur Anwendung zu bringen.[74] Nachfolgend wird die Rechtslage in den Teilen Spaniens behandelt, in denen der *Código Civil* unmittelbare Anwendung findet. Abweichende Regelungen können in den sog. Foralrechtsgebieten[75] gelten.

Das geltende spanische Recht zur Konkordatsehe setzt sich aus mehreren staatskirchenrechtlichen, kirchlichen und staatlichen Quellen zusammen. Nach der Einführung der Spanischen Verfassung von 1978 (*Constitución Española*) wurden vier neue staatskirchenrechtliche Verträge geschlossen, die das Konkordat von 1953 ablösen sollten. Für das Eherecht ist die Vereinbarung über Rechtsangelegenheiten zwischen dem Heiligen Stuhl und Spanien (*Acuerdo entre el Estado español y la Santa Sede sobre asuntos*

---

72 Diese sind Andalusien, Aragón, Asturien, Balearen, Baskenland, Extremadura, Galizien, Kanarische Inseln, Kantabrien, Katalonien, Kastilien – La Mancha, Kastilien und Leon, Madrid, Murcia, Navarra, La Rioja, Valencia und die zwei autonomen Städte Ceuta und Melilla in Nordafrika. Vgl. Adam/Perona Feu, Spanien, Vorbemerkung vor Rn. 1.

73 Die autonomen Gemeinschaften entstanden infolge der Artt. 137–139 der *Constitución Española* von 1978, die die Möglichkeit der Schaffung dieser autonomen Gemeinschaften einräumte. Bis 1983 hatten sich bereits alle 17 autonomen Gemeinschaften (*Comunidades Autónomas*) gebildet. Gemäß den Artt. 148 f. CE werden den CC. AA. juristische Kompetenz in zahlreichen Bereichen zugesprochen, u.a. im Ehe- und Familienrecht, mit Ausnahme der Regelungen zu den Eheschließungsformen (Art. 149 n. 8 CE). Vgl. Adomeit, Einführung in das spanische Recht 6 f.

74 Vgl. Adam/Perona Feu, Spanien, Vorbemerkung vor Rn. 1.

75 Diese sind Aragón, Balearen, Baskenland, Galizien, Katalonien und Navarra. Vgl. ebd.

jurídicos) vom 3. Januar 1979 grundlegend. Daraufhin wurden 1981 die Artikel des *Código Civil*, die sich mit der kanonischen Eheschließung, der kirchlichen Ehenichtigkeitserklärung, der kirchlichen Eheauflösung und deren ziviler Anerkennung befassten, dem *Acuerdo sobre asuntos jurídicos* entsprechend angepasst. Zudem regeln das Zivilprozessrecht (*Ley de enjuiciamiento civil*) und das Personenstandsgesetz (*Ley del Registro Civil*) Details zur Eintragung der kanonisch geschlossenen Ehe in das *Registro Civil* und die zivile Anerkennung von kirchlichen Ehenichtigkeitsurteilen.

1. Die *Constitución Española* von 1978 und ihre Folgen für das Eherecht

Die Regierung des ersten demokratisch gewählten Präsidenten, Adolfo Suárez González (1976–1981), setzte Ende 1978 die neue *Constitución Española*[76] in Kraft und führte dadurch in Spanien vier Prinzipien ein, die das Staatskirchenrecht erheblich verändern sollten: Das Prinzip der Religionsfreiheit (Art. 16 n. 1 CE)[77], das Prinzip der religiösen Neutralität des Staates (Art. 16 n. 3 CE), das Prinzip der Kooperation des Staates mit der katholischen Kirche und den anderen Konfessionen (Art. 16 n. 3 CE) und das Prinzip der von der Konfession unabhängigen Gleichheit aller Spanier (Art. 14 CE).[78]

Mit dem Inkrafttreten der *Constitución Española* endete das bis dahin geltende subsidiäre System, in dem die verpflichtende Eheschließungsform die kanonische war, wenn mindestens einer der Nupturienten sich zum katholischen Glauben bekannte[79], und die zivile Eheschließungsform nur erlaubt war, wenn beide Nupturienten dem katholischen Glauben abschworen.

Die besondere Stellung der kanonischen Eheschließung und der kanonischen Rechtsprechung in Eheangelegenheiten war mit der neuen

76 S. BOE n. 311, 29.12.1978, 29313–29424.

77 Daraufhin wurde 1980 das Gesetz zur Religionsfreiheit erlassen: BOE n. 177, 24.07.1980, 16804–16805. Vgl. Perales Agustí, El régimen matrimonial 299.

78 Vgl. Perales Agustí, El régimen matrimonial 299; Ferrer Ortiz, La eficacia 381; Roca, Über die gegenwärtigen Beziehungen 129; López Alarcón/Navarro-Valls, Curso de derecho 44.

79 S. oben „1.2 Der *Código Civil* von 1889 und seine Folgen".

Constitución Española nicht mehr vereinbar. Diese Unvereinbarkeit wird in drei Verfassungsbestimmungen deutlich, nämlich den Artt. 14, 16 n. 2 und 32 CE.[80]

Art. 14 CE verbietet Diskriminierungen aufgrund der Religion. Der Staat kann auch im Bereich der Eheschließung keine Religion oder Konfession bevorzugen, wenn das eine Benachteiligung der anderen nach sich zöge. Die kanonische Eheschließungsform, die damals noch die durch das staatliche Recht bevorzugte Form war, konnte diesen Stellenwert also nicht mehr behalten.

Art. 16 n. 2 CE regelt, dass niemand zur Abgabe einer Erklärung über seine Weltanschauung, seine Religion oder seinen Glauben verpflichtet werden könne. Das damals geltende Recht erlaubte die zivile Eheschließung allerdings erst nach einer Erklärung vor dem zuständigen Beamten darüber, dass die Nupturienten sich nicht zum katholischen Glauben bekannten (Art. 42 CC [1958]). Wer diese Erklärung nicht abgab, hatte keine Möglichkeit, zivil zu heiraten. Diese Regelung wurde mit dem Inkrafttreten der neuen *Constitución Española* verfassungswidrig.[81] Es wurde zwar auch vorher niemand zur zivilen Eheschließung und somit zur Abgabe einer Erklärung über seinen fehlenden Glauben gezwungen, doch wer keine kanonische Eheschließung wollte, aus welchen Gründen auch immer, hatte nur die Wahl zwischen gar keiner Eheschließung oder der zivilen Eheschließung, die erst nach Abgabe der entsprechenden Erklärung möglich war.

Eine bemerkenswerte Veränderung des spanischen Ehesystems stellte die Einführung des Art. 32 CE dar.[82] Dieser sieht in Bezug auf das Eherecht vor, dass erstens jeder Mann und jede Frau in vollkommener Gleichheit das Recht haben, eine Ehe zu schließen, und dass zweitens die Formen der Eheschließung, das Mindestalter, die Eheschließungsfähigkeit, die Rechte und Pflichten der Ehepartner, die Trennungsgründe, die Auflösung und deren rechtliche Folgen durch Gesetze zu regeln sind. Art. 32 CE nennt Eheschließungsformen im Plural, was eine große Änderung des Systems ankündigt.[83]

80 Vgl. Cañamares Arribas, El sistema matrimonial 263 f.
81 Vgl. ebd. 263.
82 Vgl. Ibán, Calificación jurisprudencial 260.
83 Vgl. Jordano Barea, El nuevo sistema 904; Cañamares Arribas, El sistema matrimonial 264; Ferrer Ortiz, La eficacia 380 f.

Die *Constitución Española* machte eine umfangreiche Reform des zivilen Eherechts erforderlich. Zum Zeitpunkt des Inkrafttretens der *Constitución Española* liefen bereits die Verhandlungen zwischen Staat und Kirche zur Überarbeitung des Konkordats von 1953.[84]

In den darauffolgenden Jahren, angefangen mit der Vereinbarung zwischen dem Heiligen Stuhl und Spanien von 1979 (*Acuerdo sobre asuntos jurídicos*), änderte sich das Eherechtssystem und das staatskirchenrechtliche Eherecht nicht nur im Hinblick auf die hier im Fokus stehende kanonische Ehe weitgehend. Das Verhältnis zwischen Staat und Kirche bezogen auf die kanonische Ehe wurde am schnellsten reformiert, während die Ehen anderer Konfessionen und Religionen noch Jahrzehnte lang außerhalb des Blickfeldes religionsrechtlicher Vereinbarungen blieben.[85]

2. Die Vereinbarung zwischen dem Heiligen Stuhl und Spanien von 1979

Nach dem Zweiten Vatikanischen Konzil (1962–1965), dem Ende des Franco-Regimes (1975) und dem Inkrafttreten der neuen Verfassung (1978) wurde der Kirche die Notwendigkeit, das Konkordat von 1953 zu überarbeiten, bewusst. Es sollte zu neuen Vereinbarungen kommen, die die aktuelle Situation in Spanien aufgreifen und für die Zukunft tauglich sein sollten. Die Schwierigkeiten im Zusammenhang mit dem Konkordat von 1953 sollten gelöst werden.[86] Es kam 1976 und 1979 unter der Regierung des Präsidenten Adolfo Suárez González (1976–1981) zu insgesamt fünf Vereinbarungen zwischen Spanien und dem Heiligen Stuhl, die das Konkordat von 1953 derogierten und die entsprechenden Materien neu regelten.[87]

---

84 Es kam letztlich nicht zu einem neuen Konkordat, sondern zu vier Abkommen zwischen Staat und Kirche von 1976 und 1979, die nachfolgend aufgezeigt werden.

85 S. unten „III. Die zivile Anerkennung der Eheschließungsformen anderer Konfessionen und Religionen".

86 Vgl. Díaz Moreno, Los diez primeros informes 146–147.

87 S. 1. Acuerdo entre la Santa Sede y el Estado Español (29.07.1976), in: BOE n. 230, 24.09.1976, 18664–18665; 2. Acuerdo entre el Estado español y la Santa Sede sobre asuntos jurídicos (03.01.1979), in: BOE n. 300, 15.12.1979, 28781–28782; 3. Acuerdo entre el Estado español y la Santa Sede sobre asuntos económicos (03.01.1979), in: BOE n. 300, 15.12.1979, 28782–28783;

Für den Bereich des Eherechts ist der *Acuerdo sobre asuntos jurídicos* relevant. Er wurde zusammen mit vier weiteren Abkommen von Kardinalstaatssekretär Jean-Marie Villot und vom spanischen Außenminister Marcelino Oreja Aguirre am 3. Januar 1979 unterzeichnet.

Der *Acuerdo sobre asuntos jurídicos* ersetzte die Artt. XXIII und XXIV und XXV des Konkordats von 1953[88] durch Art. VI und VII AJJ. Mit der Abrogation der genannten Artikel des Konkordats wurden auch die Verfahren zur Trennung der Ehegatten vom kirchlichen in den zivilen Zuständigkeitsbereich gegeben.[89]

Díaz Moreno, Mitglied der Kommission der Nuntiatur zur Erarbeitung und Verhandlung der Verträge von 1976 und 1979, beschreibt rückblickend, welche Anliegen die Kirche bezüglich der neuen Vereinbarungen hatte. Im Hinblick auf das Eherecht sollte weiterhin an der zivilen Wirkung der kanonischen Ehe und an der kanonischen Form als Regelform festgehalten werden. Die Ehescheidung sollte auf keinen Fall möglich werden. Es sollte für diejenigen, die das Sakrament der Ehe nicht empfangen wollten, gleichgültig ob sie katholisch waren oder nicht, die Möglichkeit der zivilen Eheschließung mit rein zivilen Folgen geben. Diese konnte entweder unauflösbar, wie in Italien, oder auflösbar, wie nach dem Vorbild Portugals, sein. Die Normen zur Ehe beschreibt Díaz Moreno als einen der am meisten konfliktbeladenen Verhandlungsgegenstände. Seiner Ansicht nach war es notwendig, das System der subsidiären Zivilehe, in dem jeder Katholik durch ziviles Gesetz zur kanonischen Eheschließung verpflichtet war, abzuschaffen. Die zivile Eheschließung sollte allen offenstehen.[90]

---

4. Acuerdo entre el Estado español y la Santa Sede sobre enseñanza y asuntos culturales (03.01.1979), in: BOE n. 300, 15.12.1979, 28784–28785; 5. Acuerdo entre el Estado español y la Santa Sede sobre la asistencia religiosa a las fuerzas armadas y el servicio militar de clérigos y religiosos (03.01.1979), in: BOE n. 300, 15.12.1979, 28785–28787.

88 Die Abrogation der Artt. XXIII, XXIV und XXV des Konkordats von 1953 geschieht durch Art. VIII AJJ.

89 Vgl. Jordano Barea, El nuevo sistema 908–909.

90 Vgl. Díaz Moreno, Los diez primeros informes 147.

Auch wenn das Eherecht durch rein zivile Gesetze hätte geregelt werden können, wurde es durch einen Staatskirchenvertrag geregelt,[91] und zwar in Art. VI AJJ:

> ***Art. VI. n. 1.*** *El Estado reconoce los efectos civiles al matrimonio celebrado según las normas del Derecho Canónico.*
>
> *Los efectos civiles del matrimonio canónico se producen desde su celebración. Para el pleno reconocimiento de los mismos, será necesaria la inscripción en el Registro Civil, que se practicará con la simple presentación de certificación eclesiástica de la existencia del matrimonio.*
>
> ***n. 2.*** *Los contrayentes, a tenor de las disposiciones del Derecho Canónico, podrán acudir a los Tribunales Eclesiásticos solicitando declaración de nulidad o pedir decisión pontificia sobre matrimonio rato y no consumado. A solicitud de cualquiera de las Partes, dichas resoluciones eclesiásticas tendrán eficacia en el orden civil si se declaran ajustadas al Derecho del Estado en resolución dictada por el Tribunal Civil competente.*
>
> ***n. 3.*** *La Santa Sede reafirma el valor permanente de su doctrina sobre el matrimonio y recuerda a quienes celebren matrimonio canónico la obligación grave que asumen de atenerse a las normas canónicas que lo regulan y, en especial, a respetar sus propiedades esenciales.*

Der Staat erkennt die zivile Wirkung der nach den Normen des Kirchenrechts (cc. 1055–1133 CIC/1983) geschlossenen Ehe an. Für die Anerkennung der zivilen Wirkung ist die Eintragung in das *Registro Civil* notwendig, die nach der einfachen Vorlage der kirchlichen Bescheinigung über die Eheschließung erfolgt. Die zivile Wirkung beginnt allerdings nicht ab dem Zeitpunkt der Eintragung ins *Registro Civil*, sondern mit dem Zeitpunkt der kanonischen Eheschließung (Art. VI. n. 1 AJJ).

Die Eheleute können gemäß den Vorschriften des kanonischen Rechts (cc. 1671–1707 CIC/1983) bei den kirchlichen Gerichten einen Antrag auf Nichtigerklärung stellen oder um die päpstliche Entscheidung über die Auflösung einer nicht vollzogenen Ehe bitten. Auf Antrag einer der Parteien haben diese kirchlichen Bescheide nach dem Bescheid des zuständigen zivilen Gerichts Wirkungen in der zivilen Ordnung, sofern sie mit dem staatlichen Recht vereinbar sind (Art. VI. n. 2 AJJ).

Der Heilige Stuhl bekräftigt in Art. VI. n. 3 AJJ nochmals den dauerhaften Wert seiner Lehre über die Ehe und erinnert diejenigen, die die kanonische

91 Vgl. Díaz Moreno, Por qué y cómo 39.

Ehe schließen, an die Pflichten (cc. 1055, 1056 CIC/1983), die sie mit der Unterwerfung unter die kanonischen Normen übernehmen, und besonders an die Pflicht, die Wesenseigenschaften der Ehe nicht auszuschließen.

Im Gegensatz zum vorherigen System ist diese neue Regelung mit dem Recht auf Religionsfreiheit des Art. 16 CE (1978) vereinbar.[92] In noch deutlicherer Form kommt dies auch in den neuen Normen des *Código Civil* zum Ausdruck, die infolge des *Acuerdo sobre asuntos jurídicos* in Bezug zum Eherecht in Kraft traten.

Die kanonische Trennung der Ehegatten, die gemäß dem Konkordat von 1953 vom Staat noch voll anerkannt war, wird in dieser neuen Vereinbarung von 1979 nicht mehr erwähnt. Der einzige Weg, eine zivil anerkannte Trennung der Ehegatten bei fortbestehendem Eheband zu erreichen, führt über die zivilrechtlichen Regelungen der Artt. 9 n. 2 und 107 n. 2 CC (1981).

2.1 Die zivile Wirkung der kanonischen Eheschließung

Mit dem *Acuerdo sobre asuntos jurídicos* und seiner Ratifizierung wurde ein fakultatives System der Zivilehe eingeführt, das es den Nupturienten freistellt, in welcher Form sie die Ehe schließen möchten.[93] Allerdings gab es zunächst nur die Auswahl zwischen der kanonischen und der zivilen Eheschließung. Eheschließungsformen anderer Religionen und anderer christlicher Konfessionen wurden erst 1992 und später durch Verträge zivil anerkannt.[94]

Mit dem *Acuerdo sobre asuntos jurídicos* fiel die Vorschrift des Art. 77 CC (1889, modifiziert 1958) weg, dass mindestens 24 Stunden vor der kirchlichen Eheschließung dem Richter Zeit und Ort der Eheschließung mitzuteilen waren, und dass ein staatlicher Beamter oder Richter bei der Eheschließung anwesend sein musste. Art. 77 CC wurde ersatzlos gestrichen.[95]

---

92 Vgl. Peña Bernaldo de Quiros, El sistema 571, 573–575. Zur Verfassungsmäßigkeit des AJJ vgl. García Failde, Constitución 10–28.

93 Vgl. Jordano Barea, El nuevo sistema 912, 925; Peña Bernaldo de Quiros, El sistema 573–575. Das neue System wird von Jordano Barea und Peña Bernaldo de Quiros als das angelsächsische System nach dem Vorbild Englands, der USA, Norwegens oder Schwedens bezeichnet.

94 S. unten „III. Die zivile Anerkennung der Eheschließungsformen anderer Konfessionen und Religionen."

95 Vgl. Cañamares Arribas, El matrimonio canónico 75.

Die Durchführung der Eheschließung wurde vollkommen in die Verantwortung der Kirche gelegt, obwohl es sich im Grunde auch um eine Form der zivilen Eheschließung handelte.[96] Die Formulierung „*celebrado según las normas del derecho canónico*" („gefeiert gemäß den Normen des kanonischen Rechts") lässt auf eine dynamische Verweisung schließen. Zum Zeitpunkt des Abschlusses des *Acuerdo sobre asuntos jurídicos* galten in der katholischen Kirche noch die Normen des CIC/1917. Diese wurden 1983 durch den CIC/1983 abgelöst. Der *Acuerdo sobre asuntos jurídicos* legt nicht fest, dass es sich um Eheschließungen handeln muss, die gemäß den zu diesem Zeitpunkt geltenden kanonischen Normen geschlossen werden sollen. Der CIC/1983 änderte also nichts an der Aussage, dass die in kanonischer Form geschlossene Ehe zivile Wirkung entfaltet. Gemäß dem geltenden kanonischen Recht fallen darunter die Eheschließung in der ordentlichen Form gemäß c. 1108 CIC/1983, die Eheschließung in der außerordentlichen Form gemäß c. 1116 CIC/1983 und die geheime Eheschließung gemäß cc. 1130–1133 CIC/1983. Sie alle können zivile Wirkung entfalten.

Wenn eine kanonische Eheschließung zivile Wirkung erlangt, bedeutet das, dass sie dieselben juristischen Folgen hat, wie eine zivile Eheschließung. Dem Staat steht es frei, seine Gesetze zur zivilen Ehe zu ändern, um sie an aktuelle Gegebenheiten anzupassen.[97] Die zivilen Rechte und Pflichten der Eheleute werden in den Artt. 66–71 CC geregelt. Grundsätzlich sind der Mann und die Frau gleichberechtigt und haben sich gegenseitig zu unterstützen und im Interesse der Familie zu handeln (Artt. 66, 67 CC). Das Prinzip, dass der Mann der Frau übergeordnet ist, wurde erst 1975 abgeschafft – ebenso wie das uneingeschränkte Recht des Mannes, seine Frau vor Gericht oder in Verwaltungsangelegenheiten zu vertreten. Nach geltendem Recht darf jeder Ehegatte den anderen nur vertreten, wenn dieser ihm eine Vertretungsvollmacht erteilt hat (Art. 71 CC). Die Eheleute haben die Pflicht, zusammenzuleben, sich gegenseitig treu zu sein und Beistand zu leisten sowie für die gemeinsamen Angehörigen zu sorgen und sich ihnen zuzuwenden (Art. 68 CC). Den Wohnsitz können die Eheleute frei wählen.

---

96 Vgl. Peña Bernaldo de Quiros, El sistema 579–580.
97 Vgl. García Failde, Constitución 15.

Sollten in dieser Hinsicht Meinungsverschiedenheiten auftreten, entscheidet ein Richter über den Wohnsitz. Zudem wird von Rechts wegen vermutet, dass die Ehegatten zusammenleben. Das Gegenteil müsste bewiesen werden (Artt. 69, 70 CC).[98] Letztlich kann der Richter aber niemanden zum gemeinsamen Leben zwingen, wenn das Wohl der Familie etwas anderes erfordert.[99]

Neben den ehelichen Rechten und Pflichten gehören zu den zivilen Wirkungen die Unterordnung unter alle staatlichen Regelungen, die die Ehe betreffen, wie z.B. Unterhaltsregelungen bei Trennungen und die staatlichen Regelungen zur elterlichen Sorge.[100]

2.1.1 Die Eintragung der Eheschließung ins Registro Civil

Durch den *Acuerdo sobre asuntos jurídicos* kam die Neuerung, dass eine Eintragung der kanonischen Eheschließung in das *Registro Civil* nun unumgänglich wurde. Nach den vorherigen Regelungen musste immer ein zuständiger Repräsentant der zivilen Autorität die kanonische Eheschließung bezeugen. War das nicht der Fall, konnte man die Eintragung ins *Registro Civil* umgehen, wenn auch nicht legal. Mit der neuen Regelung von 1979 konnte der Staat die Existenz von zivil ungültigen Ehen weitgehend verhindern.[101]

Sollte es tatsächlich zu kirchlichen Eheschließungen kommen, deren Existenz den staatlichen Behörden verschwiegen wird, haben diese aus der Perspektive des zivilen Rechts nur kirchenrechtliche Folgen zwischen den Eheleuten, aber keine zivilrechtliche Relevanz.[102] Sie können aber, wenn sie die entsprechenden Voraussetzungen erfüllen, jederzeit nachträglich ins *Registro Civil* eingetragen werden.[103] Die noch im Konkordat von 1953 vorgesehene Möglichkeit, dass auch weitere Personen außer den Ehepartnern,

---

98 Vgl. Sohst, Das Spanische Bürgerliche Gesetzbuch 41.
99 Vgl. Gete-Alonso y Calera, Comentario art. 70 CC 323.
100 Vgl. García Failde, Constitución 15.
101 Vgl. Peña Bernaldo de Quiros, El sistema 581–582; Ferrer Ortiz, La eficacia 386.
102 Vgl. Cañamares Arribas, El sistema matrimonial 266.
103 Zu unterbliebenen oder verspäteten Eintragungen kanonischer Ehen ins *Registro Civil* vgl. Cañamares Arribas, El matrimonio canónico 108–110; Navarro-Valls, Efectos civiles 136–140.

die ein legitimes Interesse daran haben, die Ehe ins *Registo Civil* eintragen lassen konnten, ist durch den *Acuerdo sobre asuntos jurídicos* und den *Código Civil* nicht mehr geregelt.

Zusätzlich zu Art. VI n. 1 AJJ enthält das Abschlussprotokoll der Vereinbarung folgende Regelung zum Eintrag der Ehe ins *Registro Civil*:

> ***Protocolo Final, en relación con el artículo VI n. 1.*** *Inmediatamente de celebrado el matrimonio canónico, el Sacerdote ante el cual se celebró entregará a, los esposos la certificación eclesiástica con los datos exigidos para su inscripción en el Registro Civil. Y, en todo caso, el Párroco en cuyo territorio parroquial se celebró el matrimonio, en el plazo de cinco días, transmitirá al encargado del Registro Civil que corresponda el Acta del matrimonio canónico para su oportuna inscripción, en el supuesto de que ésta no se haya efectuado ya a instancia de las partes interesadas.*

Gemäß dem Schlussprotokoll des *Acuerdo sobre asuntos jurídicos* zu Art. VI n. 1 AJJ hat unmittelbar nach der kanonischen Eheschließung der Priester, vor dem die Ehe geschlossen wurde, den Eheleuten die kirchliche Bescheinigung mit den für den Eintrag ins *Registro Civil* notwendigen Daten zu überreichen. Zusätzlich übermittelt der Pfarrer, in dessen Pfarrgebiet die Ehe geschlossen wurde, innerhalb von fünf Tagen die Unterlagen der kanonischen Eheschließung dem zuständigen Sachbearbeiter des *Registro Civil* zum Zweck der Eintragung, sofern dies nicht schon auf die Initiative der Eheleute geschehen ist.

Das Schlussprotokoll nennt als Trauungsassistenten nur den *sacerdote*, den Priester. Gemäß kanonischem Recht sind aber auch Eheschließungen möglich, denen ein Diakon oder ein Laie assistiert, sofern er oder sie die nach kanonischem Recht vorgeschriebene Traubefugnis besitzt (cc. 1111, 1112 CIC/1983). Diese Möglichkeit sieht aber der *Acuerdo sobre asuntos jurídicos* nicht explizit vor. Die Trauungsassistenz durch Laien ist in Spanien zwar ohnehin nicht möglich, allerdings kann es gerade durch die zahlreichen familiären Bindungen zwischen Spanien und den süd- und mittelamerikanischen Ländern, in denen die Trauungsassistenz durch Laien gemäß c. 1112 CIC/1983 möglich ist, zu kanonischen Trauungen von Spaniern in Lateinamerika kommen, denen ein Laie assistiert. Dann wäre danach zu fragen, ob diese Eheschließungen zivile Wirkung in Spanien erlangen können. Da das Schlussprotokoll sich nur mit den Formalitäten zur Eintragung ins *Registro Civil* befasst und nicht mit der Frage, ob die kanonische

Eheschließung anerkannt wird, könnte man schlussfolgern, dass die zivile Anerkennung nicht an den Priester als Trauungsassistenten geknüpft ist. Denn höherwertig erscheint die allgemeine Aussage des Art. VI. n. 1 AJJ, gemäß dem die nach kanonischem Recht geschlossene Ehe zivil anerkannt wird. Entsprechend dürfte die Eheassistenz des Diakons und des Laien, sofern sie dem kanonischen Recht entsprechen, keine Einschränkung für die zivile Anerkennung bedeuten. Dennoch existieren tatsächlich entsprechende Einschränkungen seitens des spanischen Staats, zumindest bei im Ausland geschlossenen Ehen.[104]

Es handelt sich zudem um eine Doppelung im Hinblick auf die Regelungen für die Eintragung in das *Registro Civil*.[105] Zunächst sollen die Eheleute ihre kirchliche Bescheinigung, die sie vom Eheassistenten erhalten, dem zuständigen Beamten des *Registro Civil* vorlegen, und zusätzlich steht der zuständige Pfarrer in der Pflicht, die Eheschließungen dort zu melden. Die vorherige Regelung des Konkordats von 1953 verpflichtete den Pfarrer in dieser Hinsicht nicht. Dort war der Beamte des Staates, der bei der Eheschließung anwesend sein musste, derjenige, der sich um die Eintragung ins *Registro Civil* zu kümmern hatte.[106] Die *Dirección General de los Registros y del Notariado* verfasste am 15. Februar 1980 ein entsprechendes Rundschreiben, das veranlasste, dass die Anwesenheit des staatlichen Beamten bei kanonischen Eheschließungen ab sofort nicht mehr notwendig für die zivile Anerkennung der Ehe war.[107]

Für die zivile Wirkung der kanonischen Eheschließung ist die Eintragung der Ehe in das *Registro Civil* notwendig (Art. VI n. 1 AJJ). Die Normen zur Eintragung der Ehe sind im Schlussprotokoll des *Acuerdo sobre asuntos jurídicos* und im Kapitel IV des Buches I des *Código Civil*, also in den Artt. 61 bis 65 geregelt, die 1981[108] in Kraft getreten sind. Mit der Eintragung der religiös geschlossenen Ehe befasst sich nur Art. 63 CC. Demnach erfolgt die

---

104 Vgl. unten „2.1.2 Die Eheschließungen von Spaniern im Ausland und Ausländern in Spanien".

105 Vgl. Jordano Barea, El nuevo sistema 909.

106 Vgl. Cañamares Arribas, El matrimonio canónico 90; del Amo, Sentencias eclesiásticas 149.

107 S. BOE n. 47, 23.02.1980, 4247–4247. Vgl. Cañamaes Arribas, El momento constitutivo 274.

108 S. BOE n. 172, 20.07.1981, 16457–16462.

Eintragung der in Spanien religiös geschlossenen Ehe, wie auch im *Acuerdo sobre asuntos jurídicos* geregelt, durch die einfache Vorlage der kirchlichen oder anders religiösen Bescheinigung über die im Gesetz zum *Registro Civil* geregelten Tatbestände. Dabei bleibt aber der Staat nicht ganz passiv. Der Verantwortliche des *Registro Civil* kann die Eintragung verweigern, wenn aus den vorgelegten Dokumenten hervorgeht, dass die Voraussetzungen für eine zivil gültige Ehe nicht erfüllt sind (Art. 63 CC).

Jordano Barea und Rodríguez Chacón bezeichnen die Möglichkeit der Verweigerung der Eintragung als eine Kontrollfunktion[109], die das staatliche Recht vorsieht. Wenn eine kanonische oder anders religiöse Eheschließung nicht die Voraussetzungen für Eheschließungen nach dem zivilen Recht erfüllt, kann sie nicht ins *Registro Civil* eingetragen werden und hat keinerlei zivile Folgen. Zu denken wäre hier zum Beispiel an eine Eheschließung von Minderjährigen, die gemäß c. 1067 § 1 CIC/1917 und c. 1083 CIC/1983 bei Frauen ab Vollendung des 14. Lebensjahres und bei Männern des 16. Lebensjahres kanonisch gültig geschlossen werden konnte/kann, aber nicht zivil gültig ist, weil gemäß Art. 46 n. 1 CC bei Minderjährigen zwischen 14 und 18 Jahren ein Ehehindernis besteht. Solche Eheschließungen können ohne Dispens vom Ehehindernis des fehlenden Mindestalters nicht in das *Registro Civil* eingetragen werden.[110]

Für Cañamares Arribas ist diese Regelung des Art. 63 CC hauptsächlich für Eheschließungen vorgesehen, die zwar religiös, aber nicht kanonisch geschlossen wurden.[111] 1981 war die kanonische Eheschließung zwar die einzige religiöse Eheschließung, die zivil anerkannt wurde, aber es musste damit gerechnet werden, dass entsprechende Verträge mit anderen Konfessionen und Religionen folgen würden, von denen man noch nicht wusste, welche Voraussetzungen sie an die Ehefähigkeit stellen würden.

---

109 Jordano Barea bezeichnet diese Kontrollfunktion als den Schlüssel, der den Zugang zum *Registro Civil* für die religiös geschlossenen Ehen verschließt, die dem zivilen Recht nicht entsprechen. Vgl. Jordano Barea, El nuevo sistema 916. Rodríguez Chacón spricht von einer besonders intensiven staatlichen Kontrolle. Vgl. Rodríguez Chacón, Eficacia civil 806. Ebenso Odriozola Igual, La celebración 142 und López Alarcón/Navarro-Valls, Curso de derecho 474.

110 Vgl. Jordano Barea, El nuevo sistema 915.

111 Vgl. Cañamares Arribas, El matrimonio canónico 78.

Vázquez Iruzubieta nennt zwei denkbare Situationen, in denen die Eintragung ins *Registro Civil* gemäß Art. 63 CC verweigert werden könnte:

1. Es könnte sein, dass nicht alle erforderlichen Unterlagen vorhanden sind oder aus den eingereichten Unterlagen nicht hervorgeht, dass eine gültige kanonische Ehe geschlossen wurde.[112] Welche Unterlagen fehlen könnten, benennt er nicht. Gemäß Art. VI. n. 1. AJJ genügt zur Eintragung die einfache Vorlage des Nachweises über die kanonische Eheschließung. Diese erforderlichen Unterlagen für die Eintragung ins *Registro Civil* beziehen sich allerdings nicht nur auf den kanonischen Rechtsbereich, sondern auch auf den zivilen. Es genügt nicht, die Unterlagen, die für die kanonische Eheschließung relevant sind, einzureichen. Für die Eintragung sind weitere Nachweise vorzulegen, wie zur zivilen Ehefähigkeit (Mindestalter, Verwandtschaftsgrad zwischen den Partnern)[113], zur freien Ehekonsensabgabe vor einem religiösen Amtsträger und über zwei volljährige Zeugen[114] (vgl. Art 60 n. 2 a, b CC). Art. 258 RRC schreibt vor, dass für die Eintragung das Datum, die Uhrzeit und der Ort der Eheschließung anzugeben sind, die Identität mit Namen und Nachnamen der Ehepartner nachgewiesen werden muss, sowie die Bestätigung der religiösen oder zivilen Eheschließung vorzulegen ist. Für den Fall, dass eine Ehe durch Stellvertreter geschlossen wurde, sind zusätzlich die Identität/en der/des Stellvertreter/s und seines/ihrer Beauftragten nachzuweisen. Sollten Dispensen von Ehehindernissen vorhanden sein, so sind diese auch vorzulegen (Art. 260 RRC).

Dass für diese Ehe die Gültigkeit vermutet wird, bis ein Gericht das Gegenteil feststellt (c. 1060 CIC/1983), bezieht Vázquez Iruzubieta in seine Überlegungen nicht ein. Sollte dies vom Staat nicht berücksichtigt werden, könnte das als Misstrauen gegenüber der Kirche zu werten sein.

2. Auch wenn ein rechtliches Hindernis oder Verbot zur zivilen Ehe vorliegt, kann der zuständige Beamte die Eintragung ins *Registro Civil* verweigern.[115] Dies wäre im oben genannten Beispiel von kanonischen

112 Vgl. Vázquez Iruzubieta, Régimen jurídico 196 f.

113 Vgl. López Alarcón/Navarro-Valls, Curso de derecho 474.

114 Die Vorlage einer freien Konsensabgabe vor zwei volljährigen Zeugen besteht erst seit dem 23.07.2015. Das Kirchenrecht sieht für die Trauzeugen kein Mindestalter vor (c. 1108 § 1 CIC). Entscheidend ist lediglich die Zeugnisfähigkeit.

115 Vgl. Vázquez Iruzubieta, Régimen jurídico 196 f.

Eheschließungen von Minderjährigen unter 18 Jahren der Fall, sofern keine Dispens vom Ehehindernis des fehlenden Mindestalters gegeben wird.

1981 wurde Art. 42 CC (1958) durch Art. 49 CC[116] ersetzt, der es den Nupturienten freistellt, ob sie die Ehe in einer vom Recht erlaubten religiösen Form oder in der zivilen Form schließen möchten, und zwar in Spanien oder außerhalb Spaniens. Dadurch führte das spanische zivile Recht ein „*sistema matrimonial facultativo*“[117] ein, was eine wesentliche Veränderung zum vorherigen „*sistema de matrimonio civil supletorio o subsidiario*“[118] war.

Der neu eingeführte fakultative Charakter der Eheschließungsform sieht die Wahl zwischen der Eheschließung entweder vor dem im *Código Civil* genauer bestimmten Richter oder Beamten (Art. 49 n. 1 CC) oder in der vom Gesetz vorgesehenen religiösen Form (Art. 49 n. 2 CC) vor. Der in Art. 49 n. 1 vom *Código Civil* näher zu bestimmende Richter oder Beamte ist der zuständige Richter des *Registro Civil* (Art. 51 n. 1 CC). In den Gemeinden, in denen es keinen solchen Richter gibt, sind dies der Bürgermeister oder ein vorschriftsgemäß Delegierter (Art. 51 n. 2 CC), oder im Ausland ein diplomatischer Beamter oder Konsul, der für das *Registro Civil* im Ausland zuständig ist (Art. 51 n. 3 CC).[119] Art. 52 CC regelt Sonderfälle wie Eheschließungen in Todesgefahr und an Bord eines Schiffes oder Flugzeugs.[120]

Neu war, dass nicht nur die kanonische Eheschließungsform zivile Wirkung entfaltet, sondern auch Eheschließungsformen anderer Religionsgemeinschaften.[121]

Gemäß Art. 60 n. 1 CC kann jede kanonisch geschlossene Ehe zivile Wirkung haben, wenn sie ins *Registro Civil* eingetragen wurde. Diese anderen Konfessionen oder Religionen werden nicht konkret genannt, doch Art. 59 CC, der zur selben Zeit wie Art. 42 CC in Kraft trat (1981), verweist in

116 S. BOE n. 172, 20.07.1981, 16457–16462.

117 Carrión Olmos, El sistema 19.

118 Ebd.

119 Vgl. Jordano Barea, El nuevo sistema 913. Die Zuständigkeiten werden zum 30.06.2018 erweitert (siehe Art. 51 CC im Anhang).

120 Art. 52 CC wird am 30.06.2018 durch eine neue Version abgelöst (siehe Art. 52 CC im Anhang).

121 Vgl. Carrión Olmos, El sistema 27.

dieser Hinsicht auf die zwischen dem spanischen Staat und den anderen Konfessionen und Religionsgemeinschaften geschlossenen Vereinbarungen und Konkordate. Neu ist seit 2015, dass die Eheschließungen aller religiösen Gemeinschaften, die ins *Registro de Entidades Religiosas* eingetragen sind, zivile Wirkung entfalten können (Art. 60 n. 2 CC). Die Mindestanforderungen an die Eheschließungsformen der entsprechenden Religionen und Konfessionen sollten laut Art. 59 n. 1 CC die Leistung des Konsenses in der von der jeweiligen eingetragenen Konfession oder Religionsgemeinschaft vorgesehenen Weise oder in der Weise, die vertraglich mit dem Staat geregelt ist, sein. Alle diese Formen können zivile Wirkung entfalten (Art. 60 CC).

Mit den eingetragenen Konfessionen meint Art. 60 n. 2 CC die vom Justizministerium in das *Registro de Entidades Religiosas* eingetragenen Religionen und Konfessionen, die dadurch den Status der juristischen Person erlangen. Die katholische Kirche hat diesen Status bereits durch den Art. 16 n. 3 CE.[122]

Da es Jahre nach dem Inkrafttreten dieses Art. 59 CC immer noch keine Vereinbarungen mit anderen Konfessionen und Religionsgemeinschaften in Bezug auf die Eheschließung gab, kritisierte CARRIÓN OLMOS dieses Gesetz 1990 mit leichter Ironie. Die zivile Anerkennung der Eheschließungen nichtkatholischer Konfessionen und anderer Religionsgemeinschaften sei in seinen Augen nur eine theoretische Möglichkeit, die allein die Religionsfreiheit im spanischen Staat, die Art. 16 CE vorschreibt, nicht beschädigen beziehungsweise die Diskriminierung aus religiösen Gründen, die Art. 14 CE verbietet, verhindern möchte. Von einer praktischen Umsetzung des Art. 59 CC sei man noch weit entfernt.[123] Tatsächlich wurden erst ab 1992 Verträge zur Anerkennung der Eheschließungen nach den Normen anderer Konfessionen und Religionen geschlossen.[124]

Mit der Eintragung ins *Registro Civil* ist die Ehe mit allen vom zivilen Recht festgesetzten Folgen bestandkräftig. Wenn allerdings eine Ehe nicht eingetragen wird, weil die Ehepartner und der Priester es versäumen oder sich weigern, die Eheschließung zu melden, besteht weiterhin

---

122 Vgl. Cañamares Arribas, El sistema matrimonial 268.

123 Vgl. Carrión Olmos, El sistema 28.

124 S. unten: „III. Die zivile Anerkennung der Eheschließungsformen anderer Konfessionen und Religionen".

die Möglichkeit, die Ehe später eintragen zu lassen.[125] Aber wenn dem zuständigen Beamten des *Registro Civil* alle erforderlichen Unterlagen vorgelegt wurden, die Eintragung jedoch von diesem versäumt wird, sind die Rechtsfolgen nach zivilem Recht zu beurteilen. Die Ehe entfaltet, sobald die Eintragung nachgeholt ist, volle zivile Wirkung, und zwar rückwirkend ab dem Zeitpunkt der Eheschließung.[126]

Eine Eheschließung allerdings, deren Eintragung ins *Registro Civil* gemäß Art. 63 CC wegen eines vorliegenden zivilen Ehehindernisses verweigert wurde, kann auch später nicht eingetragen werden, selbst wenn sie weiterhin als gültige kanonische Ehe bestehen bleibt. Die Verweigerung der Eintragung bedeutet nicht, dass die Ehe vom zivilen Recht als ungültig angesehen würde, sondern nur als eine Ehe, die aufgrund eines zivilen Ehehindernisses keine zivile Wirkung entfaltet hat.[127]

Das zivile Recht erlaubt in den Artt. 54 und 64 CC aus schwerwiegendem Grund[128] mit Genehmigung des Justizministeriums eine geheime zivile Eheschließung. Der Ursprung für diese Möglichkeit liegt im kanonischen Recht. So wird die geheime zivile Eheschließung geheim abgehalten und in ein spezielles geschütztes Buch des *Registro Civil Central* für geheime Eheschließungen eingetragen (Art. 83 n. 1e LRC). Die zivile Wirkung der geheimen Ehen setzt wie bei allen anderen Ehen ab dem Zeitpunkt der Eheschließung ein (Art. 61 CC). Die *Ley del Registro Civil* sieht vor, dass auch Ehen, die gemäß kanonischem Recht (cc. 1130–1133 CIC/1983) geheim geschlossen wurden, wie eine geheime zivile Ehe in das entsprechende Buch des *Registro Civil Central* eingetragen werden können, und somit zivile Wirkung erlangen.[129]

Das kanonische Recht sieht im Gegensatz zum zivilen Recht Grenzen der Geheimhaltung vor. Gemäß c. 1132 CIC/1983 endet für den Ortsordinarius

---

125 Vgl. Ferrer Ortiz, La eficacia 390.

126 Vgl. López Alarcón/Navarro-Valls, Curso de derecho 476 f.

127 Vgl. Ferrer Ortiz, La eficacia 390 f.; López Alarcón/Navarro-Valls, Curso de derecho 477 f.

128 Für den geforderten schwerwiegenden Grund gibt es keine gesetzliche Regelung. Es liegt im Ermessen des Justizministeriums, festzustellen, ob ein solcher Grund vorliegt. Vgl. Puig Ferriol, Comentario art. 54 CC 288.

129 Vgl. Odriozola Igual, Algunas reflexiones 221–227; Vázquez Iruzibieta, De la inscripción 197; Díez del Corral Rivas, Comentario art. 64 CC 310 f.

die Geheimhaltungspflicht, wenn durch die Geheimhaltung schweres Ärgernis oder großer Schaden für die Heiligkeit der Ehe drohen.

2.1.2 *Die Eheschließungen von Spaniern im Ausland und Ausländern in Spanien*

Die Artt. 49 CC und 50 CC regeln die Formen der Eheschließungen von Spaniern und Ausländern.[130] Die geltende Fassung des Art. 49 CC regelt, dass jeder Spanier sowohl in Spanien als auch im Ausland die Ehe schließen kann, und zwar vor einem Richter, einem Bürgermeister oder einem Beamten, den der *Código Civil* dafür vorsieht, oder in einer vom Recht vorgesehenen religiösen Form. Details zu den Amtspersonen, die der Eheschließung vorstehen dürfen, regelt der *Código Civil* selbst. Das sind gemäß Art. 51 CC[131] jeder Richter, der für das *Registro Civil* zuständig ist, der Bürgermeister des Eheschließungsortes oder ein Stadtrat, dem diese Kompetenz vom Bürgermeister delegiert wurde, sowie ein Beamter im diplomatischen Dienst oder des Konsulats, der für das *Registro Civil* im Ausland zuständig ist. Die Ehe ist nichtig, wenn keine dieser Personen der Eheschließung vorsteht oder keine Zeugen anwesend sind (Art. 73 n. 3 CC). Die Gültigkeit der Eheschließung leidet aber nicht unter der Nichtzuständigkeit oder der fehlenden Delegation des Richters, Bürgermeisters oder Beamten, solange diese ihr Amt öffentlich ausüben und wenigstens einer der Nupturienten in gutem Glauben handelte (Art. 53 CC).

Eine Eheschließung von Spaniern im Ausland kann auch nach einer der vor Ort zugelassenen Eheschließungsformen stattfinden (Art. 49 CC).

Im Ausland geschlossene Ehen werden genau wie die in Spanien geschlossenen Ehen gemäß Art. 58 n. 9 LRC in das entsprechende städtische Register bzw. in das des Konsulats eingetragen, in dem die Ehe geschlossen wurde. Hat einer der Nupturienten einen Wohnsitz in Spanien, kann die Eheschließung in das städtische Register eingetragen werden. Anderenfalls wird die Ehe in das Register des zuständigen spanischen Konsulats eingetragen. Für die Eintragung ist allerdings der Nachweis notwendig, dass die

130 Vgl. Perales Agustí, El régimen matrimonial 308–309.
131 Die Zuständigkeiten werden zum 30.06.2018 erweitert (siehe Art. 51 CC im Anhang).

vom spanischen Recht vorgeschriebenen Gültigkeitsvoraussetzungen für die Ehe erfüllt sind. Bei einer zweiten Eheschließung nach einer Scheidung ist das Scheidungsurteil des ausländischen Gerichts vorzulegen, das vom *Tribunal Supremo* zunächst anerkannt werden muss.[132]

Die Eintragung von im Ausland in kanonischer Form geschlossener Ehen ins *Registro Civil* kann vorgenommen werden, sofern sie in Einklang mit *der Resolución* der DGRN vom 1. November 1981 steht.[133] Weder der *Código Civil* noch die *Ley del Registro Civil* machen einen Unterschied zwischen im Ausland oder in Spanien in kanonischer Form geschlossenen Ehen. Auch Art. VI AJJ sieht keinen Unterschied im Hinblick auf das Land, in dem die kanonische Ehe geschlossen wird, vor. Demnach können auch im Ausland geschlossene Ehen von Spaniern in das *Registro Civil* eingetragen werden und erhalten dadurch die volle zivile Wirkung, sofern der von Art. 63 CC geforderte Nachweis vorgelegt wird.[134]

Bei kanonischen Eheschließungen von Spaniern in Deutschland ist zu beachten, dass nicht jeder nach kanonischem Recht zugelassene Trauungsassistent vom spanischen Staat anerkannt wird. Diejenigen Kleriker, die der Eheschließung von Spaniern assistieren, müssen vom spanischen Staat namentlich bevollmächtigt werden[135] und vom jeweiligen Ortsordinarius die Trauungsvollmacht erhalten haben. Nur unter diesen Voraussetzungen werden die kanonischen Ehen in Spanien zivil anerkannt.[136]

2.2 Die zivile Anerkennung von kanonischen Auflösungen und Annullierungen

Die Durchführung der Ehenichtigkeitsprozesse liegt gemäß Art. VI n. 2 AJJ in der Verantwortung und Zuständigkeit der kirchlichen Gerichte. Die Anerkennung der Urteile mit der Folge, dass die Ehe auch aus ziviler Sicht für nichtig erklärt wird, liegt allerdings in der Verantwortung der zivilen

132 Vgl. Aznar Gil/Olmos Ortega, La preparación 276.

133 Vgl. ebd. 276–277 sowie BOE n. 97, 22.04.2016, Art. 2 (S. Anhang).

134 Vgl. Aznar Gil/Olmos Ortega, La preparación 277.

135 Vgl. Althaus/Reinhardt, Die kirchliche Trauung Rn. 68.

136 Vgl. Bistum Augsburg, Erlass zur Eheschließung spanischer Staatsangehöriger (04.12.1981).

Gerichte, und befindet sich somit im Bereich des staatlichen Rechts.[137] Denn der *Acuerdo sobre asuntos jurídicos* stellt eine Vereinbarung dar, die den Staat zu weiteren Regelungen verpflichtet.[138] Ein kirchliches Ehenichtigkeitsurteil kann aber nur zivile Anerkennung erlangen, wenn die kanonische Eheschließung durch die ordnungsgemäße Eintragung in das *Registro Civil* zivile Wirkung erlangt hatte.[139]

Gemäß des neu eingeführten Art. 80 CC haben auf Antrag einer Partei die Urteile kirchlicher Gerichte in Ehenichtigkeitssachen und die päpstlichen Gnadenerweise *super ratum* durch Gerichtsentscheid des zuständigen zivilen Richters zivile Wirkung, sofern sie mit dem zivilen Recht vereinbar sind und die Voraussetzungen des Art. 954 *Ley de Enjuiciamiento Civil* erfüllt sind.

> *Art. 80 CC Las resoluciones dictadas por los Tribunales eclesiásticos sobre nulidad de matrimonio canónico o las decisiones pontificias sobre matrimonio rato y no consumado tendrán eficacia en el orden civil, a solicitud de cualquiera de las partes, si se declaran ajustados al Derecho del Estado en resolución dictada por el Juez civil competente conformo a las condiciones a las que se refiere el artículo 954 de la Ley de Enjuiciamiento Civil.*

Gemäß Art. 80 CC sind die Entscheidungen der Kirchengerichte über die Nichtigkeit von kanonischen Ehen und die päpstlichen Gnadenerweise zur Auflösung nicht vollzogener Ehen auf Antrag einer der Parteien zivilrechtlich wirksam.

Antragsberechtigt sind in erster Linie die beiden Partner, deren Ehe für nichtig erklärt oder aufgelöst wurde (Art. VI n. 2 AJJ). Art. 74 CC sieht aber zusätzlich noch weitere Antragsberechtigte vor, nämlich die Staatsanwaltschaft sowie jede andere Person, die ein berechtigtes Interesse an der zivilen Wirkung des Nichtigkeitsurteils oder der Auflösung hat.

Del Amo erklärte 1982, dass man unter den hier genannten antragsberechtigten Parteien nicht nur die privaten Parteien, sondern auch der *promotor iustitiae* und der *defensor vinculi* zu fassen hat, da der Vertragstext nicht zwischen öffentlichen und privaten Parteien unterscheidet. Antragsberechtigt wären demnach die Ehepartner, der *promotor iustitiae* und der *defensor*

---

137 Vgl. Peña Bernaldo de Quiros, El sistema 580, 582.

138 Vgl. Jordano Barea, El nuevo sistema 909.

139 Vgl. García Failde, Reconocimiento en el orden, 15.

vinculi.[140] Der *Tribunal Supremo* entschied jedoch am 23. Januar 1995, dass allein die beiden Ehepartner antragsberechtigt sind.[141]

Die zivilrechtliche Wirkung kann allerdings nur eintreten, wenn die kirchlichen Urteile gemäß den Bedingungen, auf die sich Art. 954 LEC beziehen, in Einklang mit dem staatlichen Recht stehen (Art. 80 CC).

Der Verweis auf Art. 954 LEC erklärt sich möglicherweise durch den Einfluss der juristischen Lehre zwischen dem Abschluss des *Acuerdo sobre asuntos jurídicos* und der Reform des *Código Civil* von 1981, in der die Angleichung der Anerkennung kirchlicher Urteile an das Exequatur für ausländische Urteile gewünscht wurde.[142]

Zusätzlich zur Vereinbarkeit des kirchlichen Urteils mit dem zivilen Eherecht sind für dessen Anerkennung die prozessrechtlichen Voraussetzungen des Art. 954 LEC zu erfüllen.[143] Mittlerweile ist Art. 954 LEC nicht mehr in Geltung. Das entsprechende Gesetz vom Jahr 2000 ist nun Art. 778 LEC, der aber im Vergleich zum früheren Art. 954 LEC im Wesentlichen unverändert blieb.[144]

Art. 778 LEC regelt das sogenannte Exequatur zur Anerkennung ausländischer Urteile und auch zur Anerkennung der zivilen Wirkung der von kirchlichen Gerichten annullierten Ehen und der päpstlichen Entscheidungen über nicht vollzogene Ehen. Bei Anträgen auf Anerkennung der zivilen Wirkung dieser kirchlichen Entscheidungen muss das angegangene Gericht, der *Tribunal Supremo*, dem anderen Partner und der Staatsanwaltschaft die Möglichkeit geben, sich innerhalb einer Frist von zehn Tagen zu dem Antrag zu äußern. Die Entscheidung zur Annahme oder zur Ablehnung des Antrags wird aufgrund der vorliegenden Akten durch die erste Instanz des *Tribunal Supremo* getroffen.[145]

---

140 Vgl. del Amo, Sentencias eclesiásticas 151.

141 Vgl. Leal Adorna, Treinta años 383. Die Autorin bezieht sich auf die Entscheidung STS 1016/1995 vom 23. Januar 1995.

142 Vgl. Cubillas Recio, Ajuste al derecho 964.

143 Vgl. García Failde, Reconocimiento en el orden 22 f.

144 Vgl. Roca, Über die gegenwärtigen Beziehungen 134; López Alarcón/Navarro-Valls, Curso de derecho 464, 490.

145 Vgl. Cañamares Arribas, El matrimonio canónico 160; del Amo, Sentencias eclesiásticas 142. Einen Einblick in die Rechtsprechung zur Anerkennung von kirchlichen Ehenichtigkeitsurteilen von 2005 findet sich in Leal Adorna/León Benítez, Las decisiones, 268–278.

Wie bei der Eintragung der Eheschließung ins *Registro Civil* (Art. 63 CC) liegt die Entscheidung über die Anerkennung der Ehenichtigkeit und der Auflösung *super ratum* letztendlich in der Verantwortung der zivilen Autorität. Was JORDANO BAREA in Art. 63 CC als *„control de legalidad originaria o a priori“*[146] bezeichnet hat, nennt er in Bezug auf Art. 80 CC *„contol de legalidad subsiguiente o a posteriori“*.[147] RODRÍGUEZ CHACÓN spricht in beiden Fällen von einer besonders intensiven Kontrolle des Staates.[148] Für DEL AMO ist die Klausel unangemessen und unhöflich. Hier habe der Staat seinen Willen umgesetzt, ohne auf die Rechte der Kirche zu achten.[149] FERRER ORTIZ bezeichnet die Klausel als *„fraudulenta“*[150] (*betrügerisch*), und SANCIÑENA ASURMENDI schreibt, dass der Staat die Kirche dadurch diskriminiere, dass er zusätzlich zu einem bestehenden Vertrag zwischen Staat und Kirche eigenmächtig weitere Voraussetzungen aufstelle.[151]

Die Klausel, dass kanonische Ehenichtigkeitsurteile nur zivile Anerkennung erlangen können, wenn sie mit dem zivilen Recht vereinbar sind, wird in der Literatur wegen des Wortlauts des Gesetzes *„si se declaran ajustados al Derecho del Estado“* (Art. 80 CC) als *„cláusula de ajuste“*[152] bezeichnet. Die vollkommene materielle Übernahme der Normen des kanonischen Rechts als staatliche Gesetze (Art. 75 CC [1889]) ist nun aufgehoben.[153] Für die zivile Anerkennung der Ehenichtigkeit bzw. Auflösung ist ein Exequatur im technischen Sinn verlangt.[154]

a, Die Anerkennung bei Prozessabwesenheit

In den ersten Jahren nach Inkrafttreten des Art. 80 CC (1981) war zunächst nicht klar, ob die Prozessabwesenheit einer Partei beim kanonischen Ehenichtigkeitsprozess mit dem zivilen Recht vereinbar sein kann. In diesem

146 Jordano Barea, El nuevo sistema 915.
147 Ebd. 916.
148 Vgl. Rodríguez Chacón, Eficacia civil 806.
149 Vgl. del Amo, Sentencias eclesiásticas 141.
150 Ferrer Ortiz, La eficacia 399.
151 Vgl. Sanciñena Asurmendi, El reconocimiento 49 f.
152 Rodríguez Chacón, Eficacia civil 806; Cubillas Recio, Ajuste al derecho 963.
153 Vgl. Jordano Barea, El nuevo sistema 918.
154 Vgl. ebd.

Fall könnte ein entsprechendes Urteil nicht vom zivilen Gericht anerkannt werden. Der *Tribunal Supremo* entschied 1985[155], dass die Abwesenheit vom kanonischen Prozess die zivile Anerkennung nicht verhindern könne, sofern die Partei aus eigenem Entschluss vom Prozess fernblieb. Doch bereits drei Jahre später[156] wurde in einer Verfassungsklage gegen ein Urteil eines zivilen Gerichts, das eine Auflösung einer nicht vollzogenen Ehe, bei dessen Prozess der Nichtkläger aus eigenem Entschluss nicht beteiligt war, anerkannte, anders entschieden, mit der Begründung, dass das entsprechende angefochtene Urteil den Art. 24 CE über das Recht auf wirksamen Rechtschutz durch den Richter und die Gerichte verletzte. Die Auflösung der Ehe durch das päpstliche Reskript wurde trotz der freien Entscheidung zur Prozessabwesenheit nicht zivil anerkannt. Seitdem können keine kirchlichen Urteile oder Auflösungen mehr anerkannt werden, bei deren Prozess eine der Parteien nicht anwesend war. Dabei verkennt das zivile Recht die im *Acuerdo sobre asuntos jurídicos* vertraglich festgelegte Formulierung „auf Antrag einer der Parteien“ (Art. VII n. 2 AJJ).[157]

b, Die Anerkennung von Urteilen ausländischer kirchlicher Gerichte

Ehenichtigkeitsurteile von ausländischen kirchlichen Gerichten benötigen zur Anerkennung durch den *Tribunal Supremo* auch das Exequatur, das für die Urteile der spanischen kirchlichen Gerichte verlangt wird, und nicht das Exequatur für zivile Urteile ausländischer Gerichte, denn kirchliche Gerichte werden vom spanischen Staat als gleichwertig angesehen, ob sie sich in Spanien oder in einem anderen Land befinden. Es handelt sich dabei nie um ausländische Gerichte.[158]

c, Der Zeitpunkt der Anerkennung

Das kirchliche Ehenichtigkeitsurteil erklärt, dass die Ehe rechtlich nie existiert hat. Mit der Anerkennung des kirchlichen Urteils durch den *Tribunal*

---

155 Roca bezieht sich auf das Urteil vom 23.05.1985, in: Boletín de Información del Ministerio der Justicia 25.09–05.10.1985, 85–86; vgl. Roca, Über die gegenwärtigen Beziehungen 135.

156 S. BOE n. 19, 23.01.1989, 28–31.

157 Vgl. Roca, Über die gegenwärtigen Beziehungen 135.

158 Vgl. del Amo, Sentencias eclesiásticas 152.

Supremo wird auch zivil anerkannt, dass die Ehe niemals existiert hat und somit auch keine zivile Wirkung hatte. Das kirchliche Urteil allein bewirkt die zivile Annullierung noch nicht.[159]

Für die Auflösung der nicht vollzogenen Ehen ist der Papst zuständig. Die Verfahren werden bei der *Rota Romana* geführt.[160] Die zivile Auflösung erfolgt aber nicht mit dem Datum der Auflösung der Ehe durch den Papst, sondern mit dem Datum der zivilen Anerkennung der Auflösung durch den *Tribunal Supremo*.[161]

d, Der Umgang mit der Auflösung nicht sakramentaler Ehen

Der *Acuerdo sobre asuntos jurídicos* erwähnt die Anerkennung der Auflösung der Ehen durch das *Privilegium Paulinum* im Gegensatz zu den Regelungen des Konkordats von 1953 und der vorherigen Regelungen nicht mehr. Seit dem Inkrafttreten des *Acuerdo sobre asuntos jurídios* hat die Auflösung von nichtsakramentalen Ehen durch das *Privilegium Paulinum* keine zivile Wirkung mehr – ebenso wenig die Eheauflösung *in favorem fidei*, die niemals zivile Wirkung hatte. Ehen, die gemäß dieser beiden Verfahren aufgelöst werden, müssen, damit sie auch zivil gelöst werden, zivil geschieden werden.[162]

Ein vergleichender Blick in die Regelungen zu den Konkordatsehen anderer europäischer Staaten zeigt, dass auch gemäß der Vereinbarungen zwischen dem Heiligen Stuhl mit Portugal[163], Italien[164] und Malta[165] lediglich die kanonischen Ehenichtigkeitsurteile und die Auflösungen *super rato* zivile Anerkennung erlangen können. Die kirchlichen

---

159 Vgl. ebd. 156 f.

160 Vgl. Art. 3 MP *Quaerit semper* (30.08.2011).

161 Vgl. del Amo, Sentencias eclesiásticas 156.

162 Nachdem während des Regimes des Francisco Franco die Scheidung unmöglich und die *Ley de divorcio* von 1932 außer Kraft gesetzt wurde, besteht in Spanien Möglichkeit der Scheidung wieder seit 1981 gemäß Art. 85 Ley 30/1981, BOE n. 172, 20.07.1981, 16457–16462. Vgl. Abarca, Divorcio y cambio normativo 733 f.

163 S. Art. XXV des Konkordats zwischen Portugal und dem Heiligen Stuhl (07.05.1940).

164 S. Art. 34 des Konkordats zwischen Italien und dem Heiligen Stuhl (11.02.1929).

165 S. Artt. 3 und 7 n. 1 des Abkommens zwischen dem Heiligen Stuhl und Malta (06.01.1995).

Auflösungsverfahren für nichtsakramentale Ehen, das *Privilegium Paulinum* und das Verfahren *in favorem fidei*, werden auch von Portugal, Italien und Malta nicht anerkannt.

Waldmann erklärt für die Situation in Italien, dass es zunächst umstritten war, ob derartige Eheauflösungen zivil anerkannt werden konnten. Die katholische Kirche ging davon aus, dass die Möglichkeit der Anerkennung bestand, während aber der Staat die zivile Anerkennung von Anfang an ablehnte.[166]

e, Anerkennung bei Änderungen des kanonischen Eheprozessrechts

Wie bei der zivilen Anerkennung der kanonischen Eheschließungen, liegt auch bei der zivilen Anerkennung der kirchlichen Ehenichtigkeitsurteile und Auflösungen gemäß dem Nichtvollzugsverfahren eine dynamische Verweisung auf das kanonische Recht vor (Art. VI n. 2 AJJ). Das bedeutet, dass die zivilen Anerkennungen unabhängig von Reformen der kirchlichen Eheprozesse durchgeführt werden sollten. Seit Abschluss des *Acuerdo sobre asuntos jurídicos* (1979) gab es mehrere Veränderungen im kirchlichen Eheprozessrecht, zwei davon waren sogar erheblich: Die Reform durch das Inkrafttreten des CIC/1983 und die Reform durch Papst Franziskus durch das MP *Mitis Iudex* von 2015[167]. Die Kirche hat das Recht, ihre Verfahrensordnungen selbstständig zu regeln. Davon bleibt das Abkommen zwischen Staat und Kirche unberührt.

Dennoch bleibt zu bedenken, dass auch bisher der Staat nicht alle kirchlichen Ehenichtigkeitsurteile anerkannt hat, und zwar bei Prozessabwesenheit einer der Parteien[168]. Inwiefern sich der Wegfall des verpflichtenden Urteils der zweiten Instanz (1679 CIC) und die Möglichkeit des *processus brevior* (cc. 1683–1687 CIC) auf die Anerkennung der Urteile auswirken wird, ist noch nicht absehbar.

2.2.1 Die Kompetenzen der zivilen Gerichte über kanonische Ehen

García Failde kritisiert, dass es aus zivilrechtlicher Sicht keine exklusive Kompetenzzuweisung für Eheprozesse für kanonisch geschlossene Ehen an

---

166 Vgl. Waldmann, Das System der Konkordatsehe 71.
167 Vgl. García Failde, Comentario; García Failde, Nuevo Tratado 659–758.
168 S. oben „2.2 a, Die Anerkennung bei Prozessabwesenheit".

die kirchlichen Gerichte gibt. Das bedeute, dass auch zivile Gerichte Kompetenzen in diesem Bereich erlangen können. Für ihn sei selbstverständlich, dass nur die kirchlichen Gerichte die exklusive Kompetenz haben, über die kanonisch geschlossenen Ehen gemäß kanonischem Recht zu urteilen. Die zivilen Gerichte können das nur gemäß zivilem Recht für den zivilen Bereich.[169]

Somit kann man nicht von einer exklusiven Kompetenz sprechen, sondern nur von einer kumulativen Kompetenz[170], denn das zivile Recht sieht auch vor, dass zivile Gerichte Ehen, die in kanonischer Form geschlossen wurden, scheiden, für nichtig erklären und trennen können.[171] Relevant sind hierfür die folgenden Artikel des *Código Civil*:

> ***Art. 73 CC*** *Es nulo, cualquiera que sea la forma de su celebración:*
> ***n. 1.*** *El matrimonio celebrado sin consentimiento matrimonial.*

Ohne Einwilligung in die Ehe ist die Eheschließung ungültig (Art. 73 CC), und zwar unabhängig von der Eheschließungsform. Wie im kanonischen Recht (c. 1057 § 1 CIC/1983) ist im staatlichen Recht der Ehekonsens die Wirkursache der Ehe. Durch die Konsensabgabe kommt die Ehe zustande.

> ***Art. 81 CC*** *Se decretará judicialmente la separación, cualquiera que sea la forma de celebración del matrimonio:*
> ***n. 1.*** *A petición de ambos cónyuges o de uno con el consentimiento del otro, una vez transcurridos tres meses desde la celebración del matrimonio. [...]*

Nach Ablauf der ersten drei Monate nach Eheschließung ist auf Antrag beider Ehegatten oder eines von ihnen mit Einverständnis des anderen die gerichtliche Trennung ohne Ansehen der Form der Eheschließung zu verfügen (Art. 81 CC).

> ***Art. 85 CC*** *El matrimonio se disuelve, sea cual fuere la forma y el tiempo de su celebración, por la muerte o la declaración de fallecimiento de uno de los cónyuges y por el divorcio.*

Unabhängig von der Form und dem Zeitpunkt ihrer Eingehung wird die Ehe durch den Tod oder die Todeserklärung eines Ehegatten oder durch die Scheidung aufgelöst (Art. 85 CC).

---

169 Vgl. García Failde, Reconocimiento de efectos 273.

170 Vgl. García Failde, Reconocimiento en el orden 15.

171 Vgl. Roca, Über die gegenwärtigen Beziehungen 135; Sanciñena Asurmendi, El reconocimiento 74; Aznar Gil/Olmos Ortega, La preparación 96.

In diesen drei Artikeln des *Código Civil* wird deutlich, dass der Staat nicht nur die Kompetenz beansprucht, zivil geschlossene Ehen, sondern auch religiös geschlossene Ehen zu trennen, zu scheiden oder für nichtig zu erklären. Auch kanonische Ehen, die schon vor Inkrafttreten dieser Regelungen geschlossen wurden, sind hiervon betroffen (*„unabhängig von der Form und dem Zeitpunkt"*, Art. 85 CC).[172] Dennoch handelt es sich nicht um einen Eingriff des Staates in kirchliche Angelegenheiten, auch wenn kanonische Ehen allein dem kirchlichen Gericht unterstellt sein sollten und weil es eine Scheidung im zivilrechtlichen Sinne in der Kirche nicht gibt.[173] Denn die von zivilen Gerichten getrennten, geschiedenen oder für nichtig erklärten Ehen, haben im kanonischen Bereich weiterhin Bestand. Die Auflösungen durch das *Privilegium Paulinum* (cc. 1143–1150 CIC/1983), das Verfahren *in favorem fidei*[174] und im Rahmen eines Inkonsummationsverfahrens (cc. 1142, 1697–1796 CIC/1983) sind für kanonische Ehen die einzigen Auflösungsformen. Eine Ehe, die gültig geschlossen wurde, sakramental ist und vollzogen wurde, ist absolut unauflöslich. Der spanische Staat beansprucht aber die Kompetenz, diese Ehen zu scheiden. Dasselbe gilt für Nichtigerklärungen und Trennungen. Den Parteien stehen also, genau wie bei der Eheschließung, zwei alternative Wege offen: Der zivile Prozess zur Scheidung, Trennung oder Nichtigerklärung der Ehe oder der kanonische Prozess zur Auflösung oder Nichtigerklärung der Ehe. Allein das kanonische Inkonsummationsverfahren ist exklusiv in kirchlicher Verantwortung, weil das zivile Recht diese Art von Eheauflösung nicht vorsieht.[175] Roca rät für den Fall, dass eine Partei sich nicht der kirchlichen Instanz unterwerfen möchte, einen Zivilprozess zu führen, um die andere

172 Vgl. Sanciñena Asurmendi, El reconocimiento 74.

173 Es gibt auch ein Modell, in dem der Staat anerkennt, dass die kanonische Ehe unauflöslich ist. Die Dominikanische Republik erkennt die kanonischen Eheschließungen zivil an. Wer allerdings kanonisch heiratet, hat kein Recht mehr auf eine zivile Scheidung. S. Art. XV des Konkordats zwischen der Dominikanischen Republik und dem Heiligen Stuhl (16.06.1954).

174 S. Congregatio pro Doctrina fidei, Normae de conficiendo processu pro solutione vinculi matrimonialis in favorem fidei (30.04.2001).

175 Vgl. Sanciñena Asurmendi, El reconocimiento 75 f. Gegenteilig: Weinberger, Spanien 336, der auch die Nichtigkeitserklärungen kanonisch geschlossener Ehen als exklusive Kompetenz der kirchlichen Gerichte ansieht.

Partei nicht mit zwei Prozessen zu belasten. Das wäre dann relevant, wenn im kirchlichen Verfahren eine Partei prozessabwesend ist und deshalb das kirchliche Urteil nicht zivil anerkannt wird.[176] Aus kirchenrechtlicher Sicht ist diese Vorgehensweise allerdings nicht zu empfehlen, weil das Urteil des zivilen Gerichts die kanonische Ehe nicht antastet.

2.2.2 *Ehenichtigkeitsgründe im zivilen und kanonischen Recht*

2.2.2.1 *Ehehindernisse*

Zur zivilen Anerkennung der kirchlichen Ehenichtigkeitsurteile auf Antrag der Parteien oder einer der Parteien muss unter anderem die Voraussetzung der *cláusula de ajuste* erfüllt sein. Die geltend gemachten Nichtigkeitsgründe dürfen nicht im Gegensatz zu den Nichtigkeitsgründen des Zivilrechts stehen. Leal Adorna sieht hierin die einzige Schwierigkeit, die bei der Anerkennung auftreten könnte.[177]

Sowohl das zivile als auch das kanonische Recht sehen Ehehindernisse vor, die Ehen ungültig machen. Im zivilen Recht sind das die Ehehindernisse des fehlenden Mindestalters, des bestehenden Ehebandes, der Blutsverwandtschaft, der gesetzlichen Verwandtschaft und des Verbrechens (Artt. 46, 47 CC). Das Vorliegen eines dieser Ehehindernisse macht die Ehe ungültig (Art. 73 § 2 CC). Auch das kanonische Recht kennt diese Ehehindernisse (cc. 1083, 1085, 1090, 1091, 1094 CIC/1983).

Zum einen Teil überschneiden sich die Regelungen und lassen sich vereinbaren, zum anderen Teil gibt es unterschiedliche Normen oder keine Entsprechungen im jeweils anderen Recht, wie bei den Ehehindernissen der Impotenz (c. 1084 CIC/1983), der Religionsverschiedenheit (c. 1986 CIC/1983), der heiligen Weihen (c. 1087 CIC/1983), der ewigen Profess (c. 1088 CIC/1983), des Frauenraubes (c. 1089 CIC/1983), der Schwägerschaft (c. 1092 CIC/1983) und der öffentlichen Ehrbarkeit (c. 1093 CIC/1983).

Jordano Barea sah 1981 Schwierigkeiten, die sich im Zusammenhang mit der Vereinbarkeit der Ehenichtigkeitsurteile mit dem staatlichen Recht ergeben könnten.[178] Seine Sorge bezog sich auf die Ehehindernisse,

176 Vgl. Roca, Über die gegenwärtigen Beziehungen 135 f.
177 Vgl. Leal Adorna, Treinta años 383.
178 Vgl. Jordano Barea, El nuevo sistema 919.

die entweder unterschiedlich geregelt sind oder im zivilen Recht gar nicht existieren.

Mindestalter:
Gemäß Art. 46 n. 1 CC können Minderjährige die Ehe nicht eingehen. Minderjährige sind in Spanien die unter 18-jährigen (Art. 12 CE). Bis 2015[179] konnte man in Spanien gemäß Art. 314 CC durch die Eheschließung aus der elterlichen Sorge entlassen werden, wenn man noch nicht volljährig war.[180] Diese Regelung wurde durch den Wegfall des Art. 316 CC zum 23.07.2015 abrogiert. Eine Eheschließung von Minderjährigen ist in Spanien nicht mehr möglich.

Im kanonischen Recht hingegen ist die Ehefähigkeit für Frauen ab 14 Jahren und für Männer ab 16 Jahren gegeben (c. 1083 CIC/1983). Ehen von Frauen unter 14 Jahren und von Männern unter 16 Jahren sind gemäß kanonischem Recht ungültig. Im spanischen Recht begann die Ehefähigkeit erst mit 16 bzw. 18 Jahren[181], seit 2015 mit 18 Jahren. Schwierigkeiten bei der Anerkennung von kanonischen Nichtigerklärungen von Ehen wegen fehlenden Mindestalters durch ein ziviles Gericht kann es also nicht geben. Bei der zivilen Anerkennung der Eheschließung von unter 18-Jährigen konnte es jedoch zu Schwierigkeiten kommen, sofern Art. 48 CC nicht zur Anwendung kam, der bis 2015 eine Dispensmöglichkeit vom Hindernis des fehlenden Mindestalters ab einem Alter von 14 Jahren vorsah, sofern ein wichtiger Grund vorlag.[182] Die Dispens konnte auch zu einem späteren

---

179 Dies galt seit 1889.

180 Vgl. Sohst, Das spanische Bürgerliche Gesetzbuch 37; Quast, Die capacidad de obrar 39. Schwierigkeiten konnte die Tatsache ergeben, dass sich der Minderjährige zwar durch die Eheschließung aus der elterlichen Sorge emanzipieren konnte (Art. 314 CC [1981]), aber Voraussetzung für die Eheschließung die bereits erfolgte Emanzipation des Minderjährigen war (Art. 46 CC [1981]). Vgl. Quast, Die capacidad de obrar 95 f. Dies löste Art. 316 CC (1981), der den Minderjährigen ab 16 Jahren das Recht auf Emanzipation zusprach, wenn sie heirateten. Vgl. Salvador Coderch, Comentario art. 46 CC 267.

181 Gemäß Art. 46 n. 1 CC konnten bis 2015 Minderjährige, die aus der elterlichen Sorge entlassen wurden, die Ehe eingehen. Das war frühestens mit 16 Jahren möglich. Vgl. Quast, Die capacidad de obrar 94 f.

182 Die Dispens wurde allerdings problemlos erteilt, sodass es praktisch nicht zu Schwierigkeiten kam. Vgl. Díez del Corral Rivas, Comentario art. 63 CC 309.

Zeitpunkt erteilt werden. Die Ehe wurde dann ab dem Zeitpunkt der Eheschließung gültig. Nach geltendem Recht ist eine Dispensmöglichkeit vom Mindestalter für die Eheschließung (18 Jahre) nicht mehr vorhanden.[183]

***Blutsverwandtschaft*:**
Das Hindernis der Blutsverwandtschaft ist in Art. 47 nn. 1, 2 CC weiter gefasst als im kanonischen Recht, sodass es zu einer kanonisch gültigen Ehe kommen kann, die mit dem staatlichen Recht nicht vereinbar ist. Gemäß Art. 47 nn. 1, 2 CC sind diejenigen eheunfähig, die in der geraden Linie oder bis zum dritten Grad in der Seitenlinie miteinander blutsverwandt sind. Die Blutsverwandtschaft errechnet sich gemäß den Artt. 915–918 CC. Es handelt sich um das gleiche System, wie es im kanonischen Recht gemäß c. 108 CIC/1983 verwendet wird. Der *Código Civil* unterscheidet allerdings zwischen der aufsteigenden und der absteigenden Linie. Dabei handelt es sich aber nur um Präzisierungen, die das zivile Recht im Gegensatz zum kanonischen Recht vornimmt, und nicht um Unterschiede in der Sache. Vom Hindernis der Blutsverwandtschaft im dritten Grad der Seitenlinie kann gemäß Art. 48 CC aus wichtigem Grund dispensiert werden, und zwar auch nachträglich.

Gemäß kanonischem Recht ist eine Eheschließung bei einem Verwandtschaftsgrad bis zum vierten Grad in der Seitenlinie ungültig, aber es ist möglich, Dispens vom Ehehindernis der Blutsverwandtschaft im dritten und vierten Grad der Seitenlinie zu erhalten (c. 1091 i.V.m. c. 1078 § 3 CIC/1983). Sollte eine Ehe zwischen Verwandten dritten Grades in der Seitenlinie (z.B. Tante und Neffe) vom kirchlichen Gericht wegen fehlender Dispens für nichtig erklärt worden sein, ergeben sich bei der zivilen Anerkennung des Urteils keine Hindernisse, da die Gatten auch gemäß zivilem Recht eheunfähig waren.[184] Bei einer Nichtigerklärung wegen Blutsverwandtschaft im vierten Grad der Seitenlinie (z.B. Cousine und Cousin)

---

183 Die Dispensmöglichkeit war bis zum 22.07.2015 in Art. 48 CC vorgesehen, wurde allerdings ersatzlos gestrichen.

184 Allerdings kann die Eintragung der kanonischen Eheschließung zwischen Verwandten dritten Grades der Seitenlinie ins *Registro Civil* gemäß Art. 63 CC verweigert werden, wenn keine Dispens vom Ehehindernis im zivilen Bereich erfolgt.

liegt keine Übereinstimmung mit dem zivilen Recht vor, sodass die zivile Anerkennung des Urteils schwierig werden könnte.

Gesetzliche Verwandtschaft:
Auch zwischen Adoptiveltern und Adoptivkindern besteht sowohl im kanonischen als auch im zivilen Recht ein Ehehindernis (Art. 47 n. 1 CC, c. 1094 CIC/1983). Das zivile Recht sieht keine Dispensmöglichkeit für das Hindernis vor. Allerdings bezieht sich das Hindernis im zivilen Recht auch nur auf die gerade Linie.[185] Zwischen Adoptivgeschwistern, also Personen, die im zweiten Grad der Seitenlinie miteinander gesetzlich verwandt sind, besteht im zivilen Recht kein Ehehindernis, was im kanonischen Recht jedoch der Fall ist (c. 1094 CIC/1983). Da es sich bei diesem Hindernis um *ius mere ecclesiasticum* handelt, ist eine Dispens sowohl für die gerade als auch für die Seitenlinie möglich (c. 1078 CIC/1983).

Ein kirchliches Ehenichtigkeitsurteil mit dem Klagegrund der gesetzlichen Verwandtschaft im zweiten Grad der Seitenlinie (Adoptivgeschwister) wird die *cláusula de ajuste* nicht erfüllen können.

Verbrechen:
Sowohl das zivile Recht als auch das kanonische Recht sehen die Eheunfähigkeit für Nupturienten vor, die Täter oder Mittäter der vorsätzlichen Tötung eines ihrer Ehegatten sind (Art. 47 n. 3 CC; c. 1090 §§ 1,2 CIC/1983). Im zivilen Recht besteht das Ehehindernis zwischen Tätern und Komplizen einer gewaltsamen Tötung eines ihrer Ehepartner.[186] Das kanonische Recht unterscheidet zwischen zwei Tatbeständen: der Tötung eines Gatten im Hinblick auf eine erneute Eheschließung, um frei vom Ehehindernis des bestehenden Ehebandes zu sein (c. 1090 § 1 CIC/1983) und der gemeinschaftlichen Tötung eines Gatten, ohne das Ziel der erneuten Eheschließung (c. 1090 § 2 CIC/1983). Diese Unterscheidung nimmt das zivile Recht nicht vor, schließt aber beide Tatbestände ein, indem es den Zweck der Tötung nicht thematisiert.

Das zivile Recht sieht für das Hindernis der vorsätzlichen Tötung des Ehegatten eine vorangehende oder nachträgliche Dispensmöglichkeit durch

---

185 Vgl. Salvador Coderch, Comentario art. 48 CC 270.
186 Vgl. ebd. 270 f.

einen Richter vor (Art. 48 CC [1981]).[187] Die Dispens für den kanonischen Bereich ist dem Apostolischen Stuhl vorbehalten (c. 1078 § 2 n. 2 CIC/1983).

***Bestehendes Eheband*:**
Wer eine Ehe schließt, obwohl er bereits verheiratet ist, schließt diese zweite Ehe ungültig. Das Ehehindernis des bestehenden Ehebandes gilt sowohl im kanonischen als auch im zivilen Recht (c. 1085 CIC/1983; Art. 46 n. 2 CC). Auf den ersten Blick scheinen die Ehehindernisse in beiden Rechtskreisen identisch zu sein. Doch es muss hierzu in den Blick genommen werden, dass die Definition eines bestehenden Ehebandes im kanonischen und zivilen Recht unterschiedlich sein kann.

Im kanonischen Recht besteht ein Eheband ab der Eheschließung. Dieses kann von einem kirchlichen Gericht für nichtig erklärt werden, wenn ein Nichtigkeitsgrund nachgewiesen werden kann. Außerdem bestehen die Auflösungsmöglichkeiten für nicht vollzogene Ehen und nicht sakramentale Ehen. Der Staat erkennt allerdings zwei dieser Auflösungsverfahren, das *Privilegium Paulinum* und die Auflösung *in favorem fidei*, nicht zwingend an – es ist zumindest vertraglich nicht geregelt. Nach einem solchen Auflösungsverfahren besteht gemäß dem kanonischen Recht kein Eheband mehr, was im zivilen Recht nicht der Fall ist. Die betroffenen Personen können also eine neue kanonische Ehe schließen, die aber keine zivile Wirkung haben wird. Ebenso könnte es passieren, dass der Staat eine Ehe scheidet und somit im zivilen Bereich das bestehende Eheband für eine neue Ehe kein Hindernis mehr darstellt. Da die zivile Scheidung aber nur für den zivilen Bereich gilt, wäre eine weitere kanonische Eheschließung wegen des Hindernisses des bestehenden Ehebandes ungültig.

Übereinstimmung zwischen kanonischem und zivilem Recht besteht in der Tatsache, dass der Tod eines Ehepartners das Eheband löst (c. 1141 CIC/1983; Art. 85 CC).

Wenn eine Ehe bereits von einem kirchlichen Gericht für nichtig erklärt wurde, aber das staatliche Exequatur fehlt, darf laut zivilem Recht keine neue Ehe eingegangen werden, wohl aber nach kanonischem Recht. Sollte die Ehe kanonisch geschlossen werden, darf sie nicht ins *Registro Civil*

187 Vgl. ebd. 272.

eingetragen werden. Liegt das Exequatur dann vor, wird die Ehe eingetragen und ist ab dem Datum des Exequatur zivil gültig.[188]

Bei der zivilen Anerkennung eines kirchlichen Ehenichtigkeitsuteils wegen des Hindernisses des bestehenden Ehebandes wird es darauf ankommen, ob die erste Ehe auch gemäß zivilem Recht existiert hat oder nicht.

***Weitere Ehehindernisse*:**
Die Impotenz ist im kanonischen Recht ein Ehehindernis, das eine Eheschließung ungültig macht (c. 1084 § 1 CIC/1983). Für den *Código Civil* besteht durch die Impotenz jedoch kein Ehehindernis. Wenn also ein kanonisches Ehenichtigkeitsurteil wegen Impotenz zum Zeitpunkt der Eheschließung vorliegt, könnte die zivile Anerkennung des Urteils abgelehnt werden.

Die übrigen kirchlichen Ehehindernisse (Religionsverschiedenheit [c. 1086 CIC/1983], geistliche Verwandtschaft [nur noch im Ostkirchenrecht: c. 811 § 1 CCEO], öffentliche Ehrbarkeit [c. 1093 CIC/1983], Schwägerschaft [c. 1092 CIC/1983], heilige Weihen [c. 1087 CIC/1983] und ewige Profess [c. 1088 CIC/1983]) sind dem staatlichen Recht auch nicht bekannt, sodass eine Vereinbarkeit der kanonischen Nichtigkeitsurteile aufgrund dieser Nichtigkeitsgründe mit dem staatlichen Recht theoretisch unmöglich ist.[189]

2.2.2.2 *Formmängel*

Hinsichtlich der Eheschließungsform stellt Art. 60 CC, der auf Art. VI. 1. AJJ zurückgeht, eine *lex specialis* zu Art. 59 CC dar. Die *lex generalis* des Art. 59 CC regelt, dass eine Konsenserklärung zur Eheschließung gemäß den Vereinbarungen zwischen Staat und Kirche auch in religiöser Form geleistet werden kann. Speziell nennt Art. 60 CC die kanonische Eheschließung.[190] Die Eheschließung in anderer religiöser Form wird allgemein erwähnt, ohne auf bestimmte religiöse Gemeinschaften einzugehen. Als die Artt. 59 und 60 CC im Jahr 1981 aktualisiert wurden, bestanden außer dem *Acuerdo sobre asuntos jurídicos* keine Vereinbarungen hinsichtlich der Eheschließung mit anderen Religionen und Konfessionen. Doch obwohl es

---

188 Vgl. ebd. 269.
189 Vgl. Jordano Barea, El nuevo sistema 919.
190 Vgl. Cubillas Recio, Ajuste al derecho 979.

inzwischen Vereinbarungen zur zivilen Anerkennung der Eheschließungen anderer Religionen und Glaubensgemeinschaften gibt, bleibt auch in der 2015 aktualisierten Version des Art. 60 CC die kanonische Eheschließung die einzige Form, die namentlich genannt wird.

Sowohl im zivilen als auch im kanonischen Recht können Formmängel zur Nichtigkeit von Ehen führen. Gemäß Art. 73 n. 3 CC sind diejenigen Ehen ungültig, die ohne Beteiligung des Richters, Bürgermeisters oder entsprechenden Beamten im öffentlichen Dienst, vor dem sie hätten vorgenommen werden müssen, geschlossen wurden, und zwar unabhängig davon, in welcher Form die Ehe geschlossen wurde.[191] Demnach könnte eine nur kanonisch geschlossene Ehe zivil nicht anerkannt werden, da sie vor dem Trauungsassistenten geschlossen wird, der keiner der oben genannten Personen entspricht. Das kann allerdings hier nicht gemeint sein. Der kirchliche Trauungsassistent müsste eigentlich in Art. 73 n. 3 CC in entsprechender Weise genannt werden, wird es aber nicht. Dennoch ergeben sich hieraus keine Schwierigkeiten. Dass die kanonische Eheschließungsform anerkannt wird, ist bereits in Art. 49 n. 2 CC geregelt.

Außerdem ist eine Ehe, die nicht vor zwei Zeugen geschlossen wurde, ungültig. Die Eheschließung vor zwei Zeugen ist sowohl im kanonischen als auch im zivilen Recht eine Gültigkeitsvoraussetzung für die Ehe (Art. 73 n. 3 CC; c. 1108 CIC/1983). Das zivile Recht verlangt seit 2015 die Volljährigkeit der beiden Zeugen (Art. 60 n. 2b CC) und stellt somit höhere Ansprüche an die Zeugen als das kanonische Recht. Gerade deshalb ergeben sich bei der Anerkennung kirchlicher Ehenichtigkeitsurteile, die sich auf einen Formfehler stützen, keine Schwierigkeiten, da beide Rechtsordnungen im Hinblick auf das Erfordernis der Eheschließung vor zwei Zeugen sachlich gleiche Anforderungen stellen. Sollte eine Ehe von einem kirchlichen Gericht für nichtig erklärt werden, weil ein minderjähriger Zeuge aufgrund seiner mangelnden Reife nicht als zeugnisfähig erachtet wurde, kann die zivile Anerkennung ohne Weiteres erfolgen, da das zivile Recht ohnehin die Volljährigkeit voraussetzt.

Die Formvorschriften für die kanonische Eheschließung regelt allein das kanonische Recht. Die zivile Anerkennung der kanonischen Eheschließung

191 Vgl. ebd.

ist vertraglich und zivilrechtlich geregelt. Demnach können von staatlicher Seite keine Einwände gegen Nichtigkeitsurteile aus Formmangel bestehen. Eine Ehe, die kanonisch geschlossen wurde, und aus kanonischer Sicht keine Formmängel aufwies, kann zivil nicht wegen Formmangels nichtig sein.[192] Fraglich ist jedoch, ob die Eheschließungen, denen ein Diakon oder ein Laie assistiert hat (cc. 1111, 1112 CIC/1983), oder die von Stellvertretern geschlossen wurde (c. 1105 CIC/1983), zivile Anerkennung erlangen können.[193]

2.2.2.3 *Konsensmängel*

Der Konsens ist sowohl im kanonischen als auch im zivilen Recht eine Gültigkeitsvoraussetzung für die Eheschließung. C. 1057 CIC/1983 regelt, dass die Ehe durch den Konsens der Partner zustande kommt. Ebenso bestimmt das zivile Recht, dass es ohne den Ehewillen keine Ehe geben kann. Dieser Grundsatz steht sowohl in Art. 45 CC als auch in Art. 73 n. 1 CC. Letzterer enthält eine Nichtigkeitsklausel.

Beide Rechtsordnungen sehen die Nichtigkeit für Eheschließungen vor, bei denen der Konsens mindestens eines der Partner gefehlt hat.

> *Art. 73 CC Es nulo cualquiera que sea la forma de su celebración:*
> *n. 1. El matrimonio celebrado sin consentimiento matrimonial.*

Eine Eheschließung ist unabhängig von ihrer Form nichtig, wenn der Ehewille fehlt (Art. 73 n. 1 CC). Ebenso erfordert c. 1057 CIC/1983 den Ehewillen zur gültigen Eheschließung. Mängel des Ehewillens können verschiedene Ursachen und Ausprägungen haben.

***Psychische Eheunfähigkeit*:**
Im Gegensatz zum zivilen Recht sieht das kanonische Recht die Nichtigkeit der Ehe wegen psychischer Eheunfähigkeit vor (c. 1095 CIC/1983). Es unterscheidet zwischen dem mangelnden Vernunftgebrauch (n. 1), dem mangelnden Urteilsvermögen (n. 2) und der Eheführungsunfähigkeit (n. 3). Eine derartige Differenzierung nimmt das zivile Recht nicht vor und regelt

---

192 Vgl. Díez del Corral Rivas, Comentario art. 63 CC 306.
193 Vgl. oben „2.1.1 Die Eintragung der Eheschließung ins *Registro Civil*".

in Art. 73 n. 1 CC, ohne auf die psychische Ursache des Konsensmangels einzugehen, lediglich, dass eine Ehe nicht gültig ist, wenn der Konsens fehlt.

Gemäß Sohst bezieht sich die Regelung des Art. 73 n. 1 CC auch auf die Ehen, bei denen mindestens einer der Nupturienten zum Zeitpunkt der Eheschließung nicht im Vollbesitz seiner geistigen Kräfte war und „keinen korrekten Gebrauch von seinen psychischen Funktionen machen“[194] konnte. Cubillas Recio vertritt auch diese Auffassung, allerdings lässt sich für ihn der Art. 73 n. 1 CC nur für die Eheschließung bei mangelndem Vernunftgebrauch anwenden, wie es auch c. 1095 n. 1 CIC/1983 vorsieht.[195] Der Unterschied zwischen dem zivilen und dem kanonischen Recht ist jedoch, dass das zivile Recht für die Nichtigkeit voraussetzt, dass überhaupt kein Konsens vorhanden ist, während das kanonische Recht davon ausgeht, dass durchaus ein Ehekonsens vorhanden sein kann, dieser aber aufgrund einer psychischen Beeinträchtigung nicht für eine gültige Eheschließung ausreicht. Demnach findet sich die Übereinstimmung zwischen Art. 73 n. 1 CC und c. 1095 n. 1 CIC/1983 nur in den Fällen, in denen der Konsens aus psychischen Gründen komplett fehlt. Für diejenigen Fälle, in denen der Konsens zwar vorhanden ist, aber aus kirchenrechtlicher Sicht nicht für eine gültige Eheschließung ausreicht, gibt es keine Entsprechung im zivilen Recht.

Auch die anderen beiden Nummern des c. 1095 CIC/1983 haben keine Entsprechung im zivilen Recht. Dort wird auf die wesentlichen Pflichten und Rechte der Ehepartner (Wohl des Ehegatten, Zeugung und Erziehung der Nachkommenschaft, Einheit, Treue, Unauflöslichkeit der Ehe und die Gemeinschaft des ganzen Lebens, cc. 1055, 1056 CIC/1983) Bezug genommen, die im zivilen Recht für die gültige Eheschließung keine Rolle spielen. Wer also seine Ehe bei mangelndem Urteilsvermögen, mindestens eine der wesentlichen ehelichen Rechte und Pflichten zu erkennen, oder bei Unvermögen, mindestens eine eheliche Pflicht zu erfüllen, schließt, heiratet gemäß kanonischem Recht ungültig (c. 1095 nn. 2, 3 CIC/1983), nicht aber gemäß zivilem Recht. Bei mangelndem Urteilsvermögen (c. 1095 n. 2 CIC/1983) könnte man jedoch argumentieren, dass hier auch kein ausreichender Konsens für eine gültige Eheschließung zustande kommt, und somit der

194 Sohst, Das Spanische Bürgerliche Gesetzbuch 42.
195 Vgl. Cubillas Recio, Ajuste al derecho 967.

Tatbestand des Art. 73 n. 1 CC erfüllt ist. Bei der Eheführungsunfähigkeit allerdings (c. 1095 n. 3 CIC/1983) geht es nicht darum, dass der Konsens fehlt, sondern es geht um die Fähigkeit, die wesentlichen ehelichen Pflichten zu erfüllen. Das hat gar nichts mit dem Tatbestand des Art. 73 n. 1 CC zu tun. Entsprechende kirchliche Nichtigkeitsurteile gemäß c. 1095 CIC/1983 können deshalb grundsätzlich nicht zivil anerkannt werden.[196]

***Irrtum*:**
Sowohl das kanonische, als auch das zivile Eherecht kennen den Nichtigkeitsgrund des Irrtums. Allerdings weisen die beiden Rechte Unterschiede auf, die erst auf den zweiten Blick zu erkennen sind.

Im zivilen Recht ist der Personen- und Eigenschaftsirrtum in Art. 73 n. 4 CC geregelt:

> *Art. 73 CC Es nulo cualquiera que sea la forma de su celebración:*
> *n. 4. El celebrado por error en la identidad de la persona del otro contrayente o en aquellas cualidades personales que, por su entidad, hubieren sido determinantes de la prestación del consentimiento.*

Eheschließungen sind unabhängig von ihrer Form nichtig, wenn sie hinsichtlich der Person des anderen Ehegatten oder hinsichtlich seiner persönlichen Eigenschaften irrtümlich geschlossen wurden, sofern die irrtümliche Annahme entscheidend für den Ehewillen war (Art. 73 CC).

In Bezug auf den Personenirrtum stimmen staatliches und kirchliches Recht überein. Wer sich in der Person, die er heiratet, irrt, heiratet ungültig. Der Ehekonsens bezieht sich auf eine andere Person, auch wenn es zunächst nach außen so aussieht, als sei die Konsensabgabe auf die bei der Eheschließung anwesende Person bezogen (Art. 73 CC; c. 1097 § 1 CIC/1983).

Beim Eigenschaftsirrtum als Nichtigkeitsgrund stimmen die kirchlichen und staatlichen Normen nicht überein. Gemäß kirchlichem Recht führt der Irrtum über eine Eigenschaft der anderen Person nicht zur Ungültigkeit der Ehe, auch wenn diese Eigenschaft ursächlich (*causa motiva*) für die Eheschließung war (c. 1097 CIC/1983). Nur der Irrtum über eine Eigenschaft, die direkt und hauptsächlich angestrebt wurde (*causa sine qua non*), verungültigt die Eheschließung. Im zivilen Recht macht schon der Irrtum über die Eigenschaft, die *causa motiva* für den Konsens war,

196 Vgl. Cubillas Recio, Ajuste al derecho 967–969.

die Ehe ungültig.[197] Sohst nennt für den zivilen Bereich als Beispiele den Irrtum über charakteristische Wesenszüge, Impotenz, das Herkunftsland des Ehepartners und über die Vaterschaft des ungeborenen Kindes der schwangeren Braut.[198] Gete-Alonso y Calera nennt auch das Vorliegen der Impotenz und zusätzlich psychische Anomalien, Suchterkrankungen, ansteckende Krankheiten und Geschlechtsumwandungen.[199]

Der Irrtum führt allerdings sowohl nach zivilem[200] als auch nach kanonischem Recht nur dann zur Nichtigkeit der Ehe, wenn er den Konsens zur Eheschließung begründet hat, und dieser bei richtiger Kenntnis der Sachlage nicht zustande gekommen wäre. Wird die Ehe vom kirchlichen Gericht wegen Eigenschaftsirrtums für nichtig erklärt, kann das Urteil problemlos anerkannt werden, weil die kirchlichen Erfordernisse der Nichtigkeit höher als diejenigen des Staates sind.

Simulation:
Eine weitere Unvereinbarkeit zwischen dem kanonischen und dem staatlichen Recht findet sich im Klagegrund der Partialsimulation (c. 1101 § 2 CIC/1983). Der Ausschluss der Unauflöslichkeit, der die kanonische Ehe ungültig macht, steht in Spannung zu der 1981 eingeführten Möglichkeit der Ehescheidung des Art. 86 CC. Gemäß den Artt. 67 und 68 CC sind die Eheleute zwar zur Treue und zu gegenseitigem Respekt verpflichtet, doch ein Ausschluss der Treue oder des Wohles des Ehegatten hat zivilrechtlich keine Auswirkungen auf die Gültigkeit der Ehe. Kirchenrechtlich wäre die Ehe unter wenigstens einer dieser Voraussetzungen ungültig (c. 1101 § 2 CIC/1983). Ebenso wäre das beim Ausschluss der Nachkommenschaft der Fall, was allerdings im zivilen Recht keine Beachtung findet.[201]

Für die Totalsimulation (c. 1102 § 2 CIC/1983) findet sich eine Parallele im zivilen Recht, nämlich in den Artt. 45 CC und 73 n. 1 CC, in denen der

197 Vgl. Cubillas Recio, Ajuste al derecho 976–977.
198 Vgl. Sohst, Das spanische Bürgerliche Gesetzbuch 42. Die Unkenntnis darüber, dass der Partner bereits ein Kind hat, ist allerdings kein Nichtigkeitsgrund im Sinne des Art. 73 CC. Vgl. ebd.
199 Vgl. Gete-Alonso y Calera, Comentario art. 74 CC 326.
200 Vgl. ebd.
201 Vgl. Jordano Barea, El nuevo sistema 920–922.

Konsens als Gültigkeitsvoraussetzung für die Eheschließung festgelegt ist.[202] Im Falle einer Totalsimulation besteht bei einem oder beiden Partnern kein Wille zur Ehe, sondern nur der Wille, eine Ehe zu einem anderen Zweck außer der Ehe zu schließen. Deshalb kann auch gemäß zivilem Recht eine solche Ehe nicht gültig sein.[203]

Im kanonischen Recht gibt es eine Sonderform der Totalsimulation. Wer die Sakramentalität der Ehe zum Zeitpunkt der Eheschließung durch positiven Willensakt ausschließt, heiratet ungültig.[204] Eine Entsprechung gibt es im zivilen Recht nicht, da die Dimension der Sakamentalität der Ehe im zivilen Bereich keine Rolle spielt. Ein kirchliches Ehenichtigkeitsurteil wegen Ausschlusses der Sakramentalität könnte möglicherweise für die zivile Anerkennung am erforderlichen Exequatur scheitern.

Bedingung:

Eine Ehe, die unter einer auf die Zukunft gerichtete Suspensivbedingung geschlossen wurde, ist gemäß c. 1102 CIC/1983 ungültig. Der *Código Civil* hingegen regelt diese Situation anders. Gemäß Art. 45 CC gilt eine Bedingung, unter der die Ehe geschlossen wurde, als nicht gesetzt. Sie kann die Gültigkeit der Ehe nicht beeinflussen. Eine Ehenichtigkeit, die von einem kirchlichen Gericht mit dem Klagegrund der Zukunftsbedingung erklärt

---

202 Vgl. Espín Cánovas, El consentimiento 1265 f.

203 Für Scheinehen, die ausschließlich mit dem Ziel der Erlangung des Aufenthaltsrechts eines der Partner in Spanien eingegangen werden, ist die Instruktion des Justizministeriums vom 31.01.2006 (BOE n. 41, 17.02.2006, 6330–6338) relevant. Sie beruht auf der Resolution des Rates der Europäischen Union zur Bekämpfung von Scheinehen vom 04.12.1997, in der die Mitgliedstaaten aufgefordert werden, die Problematik der Scheinehen in ihrem eigenen Recht zu regeln. Gemeint sind in Spanien geschlossene Ehen zwischen einem EU-Mitglied und einem Angehörigen eines Nicht-EU-Landes, der sich nicht regulär in der EU aufhält, in Spanien geschlossene Ehen zwischen zwei Nicht-Mitgliedern der EU, von denen sich einer legal in Spanien aufhält, sowie außerhalb Spaniens geschlossene Ehen, bei denen ein Partner kein Mitglied der EU ist. Vgl. Rodríguez Torrente, Los matrimonios simulados 194. Wenn sich der Verdacht der Scheinehe bestätigt, sind diese Ehen gemäß den Artt. 41 und 73 n. 1 CC ungültig. S. IV. Instrucción (31.01.2006) (BOE n. 41, 17.02.2006, 6330–6338).

204 Vgl. Heimerl/Pree, Kirchenrecht 224.

wurde, kann auf der Grundlage des Art. 45 CC nicht zivil anerkannt werden.[205]

Dennoch sehen SOHST und CUBILLAS RECIO eine Möglichkeit, diese Nichtigkeitsurteile zivil anzuerkennen, und zwar auf Grundlage einer anderen Regelung des *Código Civil*. Gemäß Art. 73 n. 1 CC ist eine Ehe, die ohne Ehewillen geschlossen wurde, ungültig.[206] Das entspricht auch dem kanonischen Recht (c. 1057 CIC/1983). In Bezug auf die Eheschließung unter einer Bedingung bedeutet das, dass der Konsens, der Voraussetzung für eine gültige Eheschließung ist, zum Zeitpunkt der Eheschließung nicht vorhanden ist, sondern erst vorhanden sein soll, sobald die Bedingung erfüllt sein wird. Dass der Konsens dann aber vorhanden sein wird, ändert nichts daran, dass er zum Zeitpunkt der Eheschließung gefehlt hat, und somit keine gültige Ehe zustande gekommen ist. Insofern widerspricht der Klagegrund der Zukunftsbedingung nicht dem zivilen Recht im Hinblick auf Art. 73 n. 1 CC.[207]

***Furcht und Zwang*:**
Ehen, die unter schwerer Furcht oder Zwang geschlossen wurden, sind ungültig. Der Ehekonsens muss eine freie Entscheidung der Nupturienten sein. Ist er nicht frei, handelt es sich nicht um einen *actus humanus* und ist somit nicht als Wille zu werten. Sind Furcht oder Zwang so schwerwiegend, dass dem Nupturienten die Eheschließung als einziger Ausweg bleibt, ist die Ehe ungültig. In dieser Regelung stimmen kanonisches und staatliches Recht überein (Art. 73 n. 5 CC; c. 1103 CIC/1983):

> ***Art. 73 n. 5 CC*** *Es nulo cualquiera que sea la forma de su celebración*
> ***n. 5.*** *El contraído por coacción o miedo grave.*

Unabhängig von der Eheschließungsform ist eine Ehe ungültig, wenn sie aufgrund von Zwang oder schwerer Furcht geschlossen wurde (Art. 73 n. 5 CC).

> ***c. 1103 CIC/1983*** *Invalidum est matrimonium initum ob vim vel metum gravem ab extrinseco, etiam haud consulto incussum, a quo ut quis se liberet, eligere cogatur matrimonium.*

---

205 Vgl. Cubillas Recio, Ajuste al derecho 978.
206 Vgl. Sohst, Das Spanische Bürgerliche Gesetzbuch 42.
207 Vgl. Cubillas Recio, Ajuste al derecho 978.

Die Furcht: Das kanonische Recht präzisiert im Gegensatz zum zivilen Recht die schwere Furcht: Sie muss von außen kommen (c. 1103 CIC/1983). Furcht, die allein psychische Ursachen hat und nicht von außen eingeflößt wurde, fällt nicht unter den Tatbestand des c. 1103 CIC/1983, sondern unter den des c. 1095 n. 2 CIC/1983. Das zivile Recht verlangt nicht, dass die schwere Furcht von außen kommen soll, sondern stellt keine Anforderungen an die Ursache. Eine zivile Anerkennung wird deshalb unproblematisch sein.

Der Zwang: Entscheidend ist in beiden Rechtskreisen, dass der Zwang zu einer Ehekonsensleistung führt, die nicht mit dem Willen des Betroffenen übereinstimmt, sondern als Ausweg aus der Zwangssituation dient. Es ist dabei irrelevant, mit was der Betroffene bedroht wird und wann die Bedrohung stattgefunden hat.[208]

Bei der Anerkennung eines entsprechenden kirchlichen Ehenichtigkeitsurteils kommt es nicht zu juristischen Unstimmigkeiten.[209]

2.2.2.4 Konsequenzen für die zivile Anerkennung der kirchlichen Urteile

Diese Überlegungen und Vergleiche der kirchlichen und staatlichen Gültigkeitsvoraussetzungen für Ehen könnten zur Annahme führen, dass die meisten kirchlichen Ehenichtigkeitsurteile keine zivile Anerkennung erlangen können. Doch mit einigem zeitlichen Abstand zum Abschluss des *Acuerdo sobre asuntos jurídicos* betrachtet, schreibt Rodríguez Chacón im Jahr 2013, dass es in der Rechtsprechung des *Tribunal Supremo* bisher nur einen Fall gegeben habe, in dem eine kanonische Eheschließung nicht zivil anerkannt worden sei[210], und zwar aus formalen Gründen.[211] Ebenso

208 Vgl. Gete-Alonso y Calera, Comentario art. 74 CC 326.

209 Vgl. Cubillas Recio, Ajuste al derecho 978.

210 „*Resulta muy ilustrativo sobre la amplitud de criterio con que en la práctica el Tribunal Supremo español se mueve en la materia el hecho objetivo de que en todas la oportunidades en que la cuestión ha llegado a tan alto tribunal, hasta ahora, éste se ha pronunciado siempre a favor de reconocimiento de la resolución canónica, salvo en una ocasión, en que se denegó por razones formales.*" Rodríguez Chacón, Eficacia civil 806.

211 Es handelte sich um einen Fall aus dem Jahr 2002, der in STS 4777/2002 veröffentlicht wurde. Vgl. Rodríguez Chacón, Eficacia civil 806.

gibt Ferrer Ortiz zu bedenken, dass die Voraussetzungen der *cláusula de ajuste* von den kanonischen Urteilen immer erfüllt würden, sofern dem Nichtkläger ein Verteidigungsrecht im kanonischen Prozess eingeräumt wurde, und dass deshalb für die Anerkennung keine Schwierigkeiten zu erwarten seien.[212] Die Voraussetzungen des Art. 954 LEC würden ohne größere Probleme[213] erfüllt. Dabei wird jedoch nicht erörtert, ob sich die kirchliche Gerichtsbarkeit nicht ihrerseits bereits im Vorfeld darum bemüht, nicht mit der *cláusula de ajuste* in Konflikt zu geraten, gleichsam in einem Akt vorauseilenden Gehorsams gegenüber dem Staat.

2.2.3 Die Anerkennung kirchlicher Ehenichtigkeitsurteile in der EU

Die Verordnung (EG) Nr. 2201/2003 aus dem Jahr 2003[214] regelt in Art. 63 die Anerkennung kirchlicher Ehenichtigkeitsurteile, die aufgrund konkordatärer Vereinbarungen zivile Wirkungen entfalten. Unmittelbar sind davon diejenigen EU-Staaten betroffen, die in ihren Verträgen mit dem Heiligen Stuhl Regelungen zur Konkordatsehe getroffen haben, also Spanien, Portugal[215], Italien[216] und Malta[217]. Art. 63 VO (EG) Nr. 2201/2003 bestimmt die Voraussetzungen, unter denen kirchliche Urteile und Entscheidungen, die von einem dieser vier Staaten aufgrund konkordatärer Vereinbarungen anerkannt worden sind, auch in anderen Mitgliedstaaten anerkannt werden.[218] Alle Mitgliedstaaten der EU sind demnach verpflichtet, die Nichtigkeitserklärungen kirchlicher Gerichte gemäß der Konkordate und Verträge

---

212 „*Las resuluciones eclesiásticas que pretendan ser reconocidas civilmente cumplen este requisito siempre que en el correspondiente proceso canónico se haya citado y emplazado oportunamente al demandado, dándole la oportunidad de defenderse.*" Ferrer Ortiz, La eficacia 399.

213 „*Sin mayores problemas*", ebd. 401.

214 S. Verordnung (EG) Nr. 2201/2003 geändert durch Art. 1 Verordnung (EG) Nr. 2116/2004 wegen des EU-Beitritts von Malta 2004.

215 S. Artt. XXIV und XXV des Konkordats zwischen Portugal und dem Heiligen Stuhl, (07.05.1940).

216 S. Art. 34 des Konkordats zwischen Italien und dem Heiligen Stuhl (11.02.1929) sowie Art. 8 des Abkommens zwischen Italien und dem Heiligen Stuhl (18.02.1984).

217 S. Abkommen zwischen dem Heiligen Stuhl und Malta (06.01.1995).

218 Vgl. Hausmann, Internationales und Europäisches Ehescheidungsrecht Rn. H 128.

mit Portugal, Italien und Malta und dem *Acuerdo sobre asuntos jurídicos* mit Spanien anzuerkennen. Im Falle von Italien, Malta und Spanien, wo die kirchlichen Urteile zur zivilen Anerkennung noch der Delibation (in Italien und Malta) bzw. des Exequatur (in Spanien) bedürfen, erfolgt die Anerkennung in den anderen Mitgliedstaaten erst nach der Delibation oder dem Exequatur.[219] Erst wenn die Entscheidung im Konkordatsstaat rechtliche Wirkung entfaltet, ist sie von den übrigen EU-Staaten anzuerkennen. Es wird also nicht das kirchliche Urteil selbst von den anderen EU-Staaten anerkannt, sondern die staatliche Delibationsentscheidung bzw. das Exequatur. Die Verpflichtung der EU-Staaten, die kirchlichen Entscheidungen anzuerkennen, besteht nur dann, wenn die Entscheidung im Ursprungsmitgliedstaat Wirkung entfaltet hat.[220]

Im Fall von Portugal wird die staatliche Bestätigung des kirchlichen Urteils anerkannt.[221] Die zivil anerkannten Entscheidungen der kirchlichen Gerichte stehen insofern den Entscheidungen der staatlichen Gerichte gleich.

Für Spanien bedeutet das, dass zunächst die Voraussetzungen des Art. 80 CC erfüllt sein müssen, damit das Urteil auch von anderen Mitgliedstaaten der EU anerkannt werden muss.[222]

Hier wird die Tragweite des Art. 63 VO (EG) Nr. 2201/2003 deutlich. Die zivile Wirkung der kirchlichen Ehenichtigkeitsurteile ist nicht mehr auf die Staaten beschränkt, die entsprechende Verträge mit dem Heiligen Stuhl haben, sondern wird in allen Mitgliedstaaten der EU unter vergleichbaren Voraussetzungen anerkannt wie zivile Entscheidungen.[223]

219 Die Entscheidungen der kirchlichen Gerichte in Portugal sind in den anderen Mitgliedstaaten ohne Delibation bzw. Exequatur anzuerkennen. Vgl. Hausmann, Internationales und Europäisches Ehescheidungsrecht Rn. H 128; Althammer, Brüssel IIa, Art. 63 Rn. 3; López Alarcón/Navarro-Valls, Curso de derecho 503; Leal Adorna, Treinta años 390; Sanciñena Asurmendi, El reconocimiento 136; Ferrer Ortiz, La eficacia 406; Gottwald, EWG. Rn. 1; Rauscher, Brüssel IIa-VO Art. 63 Rn. 4.

220 Vgl. Rauscher, Brüssel IIa-VO Art. 63 Rn. 7.

221 Vgl. Gottwald, EWG Rn. 3; Rauscher, Brüssel IIa-VO Art. 63 Rn. 7.

222 Vgl. Leal Adorna, Treinta años 390.

223 Vgl. López Alarcón/Navarro-Valls, Curso de derecho 502 f.

III. Die zivile Anerkennung der Eheschließungsformen anderer Konfessionen und Religionen

Gemäß Art. 59 CC erkennt der Staat die Eheschließungen in Form der eingetragenen Konfessionen und Religionen gemäß der entsprechenden Vereinbarungen an, sofern diese vom Staat als Gesetze eingeführt wurden. Art. 60 nn. 1 und 2 CC spricht diesen Eheschließungen zivile Wirkung zu.[224]

Die *Constitución Española* und der *Código Civil* sehen zwar die Religionsfreiheit und die Gleichbehandlung der Konfessionen und Religionen vor, machen jedoch Unterschiede zwischen der katholischen Kirche und den religiösen Minderheiten, was an folgenden Formulierungen deutlich wird:

> *Art. 16 n. 3 CE Ninguna confesión tendrá carácter estatal. Los poderes públicos tendrán en cuenta las creencias religiosas de la sociedad española y mantendrán las consiguientes relaciones de cooperación con la Iglesia Católica y las demás confesiones.*

Keine Konfession und Religion hat den Charakter einer Staatsreligion. Der Staat achtet die religiösen Anschauungen der spanischen Gesellschaft und unterhält vertragliche Beziehungen mit der katholischen Kirche und den anderen Bekenntnisgemeinschaften (Art. 16 n. 3 CE).

> *Art. 80 CC Las resoluciones dictadas por los Tribunales eclesiásticos sobre nulidad de matrimonio canónico o las decisiones pontificias sobre matrimonio rato y no consumado tendrán eficacia en el orden civil, a solicitud de cualquiera de las partes, si se declaran ajustados al Derecho del Estado en resolución dictada por el Juez civil competente conformo a las condiciones a las que se refiere el artículo 954 de la Ley de Enjuiciamiento Civil.*

Die Parteien können die zivile Wirksamkeit der Entscheidungen der kirchlichen Gerichte über die Nichtigkeit der kanonischen Ehe oder die päpstlichen Entscheidungen über die nicht vollzogene Ehe beantragen. Diese Entscheidungen sind zivilrechtlich wirksam, wenn sie nach dem Urteil des

---

224 Vgl. Perales Agustí, El régimen matrimonial 307 sowie BOE n. 97, 22.04.2016, 27182–27185 (S. Anhang).

zuständigen zivilen Richters in Einklang mit dem staatlichen Recht stehen gemäß den Bedingungen, auf die sich Art. 954 der Zivilprozessordnung bezieht (Art. 80 CC).

Demnach sieht das spanische Recht nur die Anerkennung der kanonischen Ehenichtigkeitsurteile und des kanonischen Nichtvollzugsverfahrens vor, die Anerkennung von Auflösungen nach dem Recht anderer Konfessionen und Religionen jedoch nicht.[225]

Vereinbarungen zwischen Spanien und anderen Konfessionen und Religionen haben unter anderem die zivile Anerkennung derer Eheschließungen zum Gegenstand. 1992 schloss Spanien Kooperationsverträge mit der evangelischen Föderation Spaniens[226], der Föderation der israelischen Gemeinden Spaniens[227] und der islamischen Kommission in Spanien[228] ab.

Die Vereinbarung zwischen der evangelischen Föderation Spaniens[229], zu der die evangelischen Kirchen und die orthodoxen Kirchen gehören, sieht in Art. 7 vor, dass die Eheschließungen der zugehörigen Kirchen und kirchlichen Gemeinschaften zivile Wirkung haben. Diese zivile Wirkung setzt die Eintragung in das *Registro Civil* voraus.[230]

---

225 Vgl. Cañamares Arribas, El sistema matrimonial 268 f.; Perales Agustí, El régimen matrimonial 310; López Alarcón/Navarro-Valls, Curso de derecho 466–472, 519–535.

226 S. Ley 24/1992 por la que se aprueba el Acuerdo de Cooperación del Estado con la Federación de Entidades Religiosas Evangélicas de España, in: BOE n. 272, 12.11.1992, 38209–38211.

227 S. Ley 25/1992 por la que se aprueba el Acuerdo de Cooperación del Estado con la Federación de Comunidades Israelitas de España, in: BOE n. 272, 12.11.1992, 38211–38214.

228 S. Ley 26/1992 por la que se aprueba el Acuerdo de Cooperación del Estado con la Comisión Islámica de España, in: BOE n. 272, 12.11.1992, 38214–38217.

229 Federación de Entidades Religiosas Evangélicas de España.

230 Weiterführende Literatur: Cañamares Arribas, El sistema matrimonial 267; Cañivano, Las normas religiosas 121 f.; Odriozola Igual, La celebración 214–224, 240–242; Perales Agustí, El régimen matrimonial 304–305; Perales Agustí, El derecho matrimonial 327–332; Cebría García, Notas sobre los matrimonios 948–950; Puerto González, Normativa matrimonial 530–536.

Ebenso verhält es sich mit dem 1992 zwischen Spanien und der Föderation der israelischen Gemeinden in Spanien[231] geschlossenen Vertrag und dem Vertrag zwischen Spanien und der Islamischen Kommission Spaniens[232].

Die zivile Anerkennung betrifft jeweils allein die Eheschließungen. Nach religiösem Recht aufgelöste oder nichtige Ehen bleiben zivil weiter bestehen. Sie müssten zusätzlich zivil geschieden werden, sofern die zivile Wirkung der Trennung gewünscht wird.

231 Federación de Comunidades Israelitas de España. Weiterführende Literatur: Adroher Biosca, Matrimonio islámico 879–899; Cañivano, Las normas religiosas 116–120; Odriozola Igual, La celebración 214–224, 243–244; Perales Agustí, El régimen matrimonial 307; Perales Agustí, El derecho matrimonial 311–320; Cebría García, Notas sobre los matrimonios 948–950.

232 Comisión Islámica de España. Vgl. zu den Verhandlungen zwischen der Föderation der israelischen Gemeinden in Spanien und dem spanischen Staat und zur zivilen Anerkennung der muslimischen Eheschließung: Cañivano, Las normas religiosas 105–116; Odriozola Igual, La celebración 224–228, 245–251; Perales Agustí, El régimen matrimonial 307; Perales Agustí, El derecho matrimonial 320–327; Cebría García, Notas sobre los matrimonios 950–955.

IV. Zusammenfassung und Bewertung

Zusammenfassung

Das Verhältnis zwischen Staat und Kirche in Spanien ist bereits seit vielen Jahrhunderten durch Kooperation, aber auch Kontrolle durch den Staat geprägt. Ab dem 16. Jahrhundert herrschte in Spanien das System des *Regalismo*, das dem Staat die Letztentscheidung über das Inkrafttreten kirchlicher Gesetze, die Besetzung von Bischofsstühlen und die Gerichtsbarkeit einräumte. Der Staat war in diesem System, das immerhin bis 1975 fortbestand, in einer überlegenen Machtposition und griff in erheblichem Maße in kirchliche Angelegenheiten ein.

Auch im Bereich des in dieser Studie dargestellten Ehe(prozess)rechts wird deutlich, dass das Verhältnis von Staat und Kirche nicht immer reibungslos war. Besonders die Zeit zwischen dem Inkrafttreten des *Código Civil* von 1889 und dem Abschluss des *Acuerdo sobre asuntos jurídicos* von 1979 war im Hinblick auf die Konkordatsehe äußerst wechselhaft. Es gab einerseits rücksichtslose Vorstöße der jeweiligen Regierungen, ihre Interessen mittels neuer Gesetzgebung durchzusetzen, aber auch zahlreiche Versuche, die Konflikte durch neue Gesetze zu lösen. Zunächst hegte man große Hoffnung in die im Konkordat von 1953 vereinbarten Regelungen zur Konkordatsehe, die jedoch bald enttäuscht wurden. Nach Einführung der Demokratie in Spanien und unter der Regierung des ersten demokratisch gewählten Präsidenten, Adolfo Suárez González, ist 1978 die neue Verfassung, die *Constitución Española*, in Kraft getreten, die das Verhältnis von Staat und Religionsgemeinschaften neu regelte. Von nun an galten die Prinzipien der Religionsfreiheit, der weltanschaulichen Neutralität des Staates und der Gleichheit aller Spanier unabhängig von ihrer Weltanschauung. Der Staat durfte keine Weltanschauung bevorzugen, durfte und sollte aber sein Verhältnis zu den Religionsgemeinschaften vertraglich regeln. Auf dieser neuen Grundlage wurde 1979 unter anderem der *Acuerdo sobre asuntos jurídicos* zwischen Spanien und dem Heiligen Stuhl geschlossen, der die Vereinbarungen des Konkordats zur Ehe abrogierte und die Materie zwar nicht vollkommen neu, aber unter Berücksichtigung der *Constitución Española* regelte. Als Folge dieser Vereinbarung wurden in den darauffolgenden Jahren auch zahlreiche zivile Gesetze angepasst, insbesondere die einschlägigen Normen des *Código Civil*, der 1981 zunächst überarbeitet und später teilweise immer weiter aktualisiert wurde, die *Ley de Eujuciamiento Civil* sowie die *Ley del Registro Civil*. Sie bilden die Grundlage für das geltende Recht zur Konkordatsehe in Spanien.

Zusammenfassend lässt sich das geltende Recht zur Konkordatsehe in Spanien wie folgt darstellen:

Katholiken können zwischen der kanonischen und der zivilen Eheschließungsform frei wählen. Entscheiden sie sich für die zivile Form, hat ihre Ehe ausschließlich zivile Wirkung. Im Gegensatz dazu hat die kanonische Eheschließung sowohl kanonische als auch zivile Wirkung, denn die Eheleute und der Pfarrer des Eheschließungsortes sind verpflichtet, die kanonische Eheschließung beim *Registro Civil* eintragen zu lassen. In der Regel geschieht das auch, außer die Eintragung wird verweigert, weil ein ziviles Ehehindernis vorliegt. Problematisch ist bei diesem System, dass Katholiken zwar die Möglichkeit haben, eine rein zivile Ehe, aber grundsätzlich nicht eine rein kanonische Ehe zu schließen. Die kanonische Eheschließung wirkt sozusagen automatisch in den zivilen Rechtsbereich hinein, ohne dass das in jedem Fall zwingend gewollt sein muss. Mit den wesentlichen ehelichen Verpflichtungen, die das kanonische Recht verlangt, kommen *ipso iure* die zivilen ehelichen Verpflichtungen hinzu. Die einzige Möglichkeit, das zu vermeiden, wäre, die kanonische Eheschließung nicht dem *Registro Civil* zu melden, womit aber die Eheleute und der Pfarrer illegal handeln würden.

Sollte eine kanonische Ehe, die zivile Wirkung erlangt hat, scheitern, und die Eheleute sich wieder trennen, haben sie die Wahl, die Ehe durch ein ziviles Gericht nach zivilem Recht für nichtig erklären oder scheiden zu lassen, oder kanonisch für nichtig erklären oder auflösen zu lassen. Die Entscheidung des zivilen Gerichts hätte keine Wirkung im kirchlichen Bereich. Die Ehe würde aus Sicht der Kirche weiterhin bestehen. Entscheiden sich die Eheleute für einen kanonischen Prozess, können sie die Ehe auf diesem Wege für nichtig erklären lassen. Das kirchliche Ehenichtigkeitsurteil kann auf Antrag der Parteien auf dem Weg eines speziellen zivilen Verfahrens, dem Exequatur, zivile Wirkung erlangen. Allerdings dürfen die kirchlichen Urteile dazu nicht dem zivilen Recht widersprechen. Im Fall der Anerkennung wird erklärt, dass die Ehe weder im kanonischen noch im zivilen Bereich jemals Bestand hatte.

Ebenso können die päpstlichen Gnadenerweise aufgrund von Inkonsummationsverfahren, die für den kirchlichen Bereich die Ehe auflösen, zivil anerkannt werden. Dagegen ist die zivile Anerkennung der kanonischen Eheauflösungen durch das *Privilegium Paulinum* und das Verfahren *in favorem fidei* nicht möglich.

Die Anerkennung der kirchlichen Urteile erfolgt, anders als in Portugal, im Rahmen eines Anerkennungsverfahrens. Dabei wird überprüft, ob die Urteile mit dem zivilen Recht konform gehen. Anderenfalls können sie für den zivilen Bereich keine Wirkung entfalten. Da die Anerkennung allerdings nahezu in jedem Fall stattfindet, und es trotz mancher Unstimmigkeiten zwischen dem zivilen und dem kanonischen Recht hinsichtlich der Ehehindernisse und Nichtigkeitsgründe nur selten Schwierigkeiten gibt, stellen die Anerkennungsverfahren keine unüberwindbare Hürde dar. Der Weg, die Ehe über ein kirchliches Verfahren für nichtig erklären zu lassen, ist üblich geworden. Ein Grund dafür sind die geringeren Prozesskosten und ein anderer, dass im Gegensatz zu einer zivilen Scheidung die Nichtigerklärung der Ehe von Unterhaltspflichten gegenüber dem früheren Partner entbindet – allerdings niemals gegenüber den Kindern.

Bewertung des Systems der Konkordatsehe

Insgesamt weist das System der Konkordatsehe in Spanien positive, aber auch weniger wünschenswerte Aspekte auf. Als positiv kann eingestuft werden, dass der Staat die Kirche und ihr Eherecht und Eheprozessrecht als grundsätzlich mit dem zivilen Recht gleichwertig betrachtet, indem er kirchliche Eheschließungen und Urteile respektiert – freilich mit der Einschränkung der Kontrollmechanismen bei der zivilen Anerkennung, die allerdings in der Praxis kaum eine Hürde darstellen. Zu bedenken ist hierbei, dass diese Kontrollmechanismen bei der Eheschließung nicht nur für die katholische Kirche gelten.

Doch gibt es auch Aspekte, die aus Sicht der Kirche und ihrer Glieder negativ zu werten sind. Zunächst ist das die oben erwähnte zwangsläufige zivile Folge der kanonischen Eheschließung. Außerdem ist es ein unangemessener Eingriff des Staates, dass er erlaubt, kanonisch geschlossene Ehen durch ziviles Recht zu scheiden.

Man könnte sich die Frage stellen, ob die Konkordatsehe sinnvoll ist. Die Anerkennungen der kanonischen Ehe und der Urteile drücken zwar einen gewissen Respekt des Staates gegenüber der Kirche aus, aber sie erfordern auch einen hohen Verwaltungsaufwand und eine hohe Anzahl ziviler Gesetze zur Umsetzung. Zudem sollte man nicht verkennen, dass jede Kooperation auch zumindest einen teilweisen Verlust der Eigenständigkeit und Selbstbestimmung bedeutet.

Wenn man das System, das in Deutschland herrscht, mit dem spanischen vergleicht, scheint das deutsche System zunächst einfacher und mit weniger Regelungsbedarf und Konfliktpotential zu sein. Das spanische System beruht auf Kooperation, die auf Gegenseitigkeit und Kompromisse angewiesen ist. Dagegen sind der zivile und der kanonische Rechtsbereich in Deutschland grundsätzlich voneinander getrennt, sodass keine gemeinsamen Regelungen gefunden werden müssen.

In Deutschland entfalten die zivile und die kanonische Eheschließung Rechtswirkungen für ihren jeweiligen Bereich. Ebenso verhält sich das bei der zivilen Scheidung, der kanonischen Ehenichtigkeitserklärung und den kanonischen Eheauflösungen. Durch die Trennung beider Bereiche treffen nicht zwei verschiedene Rechtssysteme aufeinander, deren Zusammenspiel erst geregelt werden müsste. Sowohl die kirchliche als auch die staatliche

Ebene bleiben vom jeweils anderen System völlig unangetastet. Zwar muss man in Deutschland sowohl zivil als auch kanonisch heiraten, wenn man in beiden Bereichen rechtliche Wirkungen herbeiführen möchte, aber das muss nicht zwingend von Nachteil sein.

Doch auch wenn die Kooperation zwischen Staat und Kirche in Spanien durch den hohen Regelungsbedarf belastet ist, scheinen die Vorteile zu überwiegen, handelt es sich doch um die gegenseitige Anerkennung von zivilem und kanonischem Recht und dadurch um eine fruchtbare Zusammenarbeit.

Anhang

In Folgenden sind die Quellen des geltenden Rechts, auf die in dieser Studie Bezug genommen wird, abgedruckt:

1. Código Civil
2. Constitución Española (1978)
3. Acuerdo entre el Estado español y la Santa Sede sobre asuntos jurídicos (1979)
4. Verordnung (EG) Nr. 2116/2004 des Rates vom 2. Dezember 2004 zur Änderung der Verordnung (EG) Nr. 2201/2003 des Rates über die Zuständigkeit und die Anerkennung und Vollstreckung von Entscheidungen in Ehesachen und in Verfahren betreffend die elterliche Verantwortung und zur Aufhebung der Verordnung (EG) Nr. 1347/2000 in Bezug auf Verträge mit dem Heiligen Stuhl
5. Reglamento de la Ley del Registro Civil
6. Ley del Registro Civil
7. Ley de Enjuiciamiento Civil
8. Orden sobre inscripción en el Registro Civil de determinados matrimonios celebrados en forma religiosa y aprobación del modelo de certificado de capacidad matrimonial y de celebración de matrimonio religioso (19.04.2016)

1. Código Civil

Art. 9

2. Los efectos del matrimonio se regirán por la ley personal común de los cónyuges al tiempo de contraerlo; en defecto de esta ley, por la ley personal o de la residencia habitual de cualquiera de ellos, elegida por ambos en documento auténtico otorgado antes de la celebración del matrimonio; a falta de esta elección, por la ley de la residencia habitual común inmediatamente posterior a la celebración, y, a falta de dicha residencia, por la del lugar de celebración del matrimonio.

Art. 42

La promesa de matrimonio no produce obligación de contraerlo ni de cumplir lo que se hubiere estipulado para el supuesto de su no celebración.

No se admitirá a trámite la demanda en que se pretenda su cumplimiento.

Art. 45
No hay matrimonio sin consentimiento matrimonial.
La condición, término o modo del consentimiento se tendrá por no puesta.

Art. 46
No pueden contraer matrimonio:
1. Los menores de edad no emancipados.
2. Los que estén ligados con vínculo matrimonial.

Art. 47
Tampoco pueden contraer matrimonio entre sí:
1. Los parientes en línea recta por consanguinidad o adopción.
2. Los colaterales por consanguinidad hasta el tercer grado.
3. Los condenados por haber tenido participación en la muerte dolosa del cónyuge o persona con la que hubiera estado unida por análoga relación de afectividad a la conyugal.

Art. 48
El Juez podrá dispensar, con justa causa y a instancia de parte, mediante resolución previa dictada en expediente de jurisdicción voluntaria, los impedimentos de muerte dolosa del cónyuge o persona con la que hubiera estado unida por análoga relación de afectividad a la conyugal y de parentesco de grado tercero entre colaterales. La dispensa ulterior convalida, desde su celebración, el matrimonio cuya nulidad no haya sido instada judicialmente por alguna de las partes.

Art. 49.
Cualquier español podrá contraer matrimonio dentro o fuera de España:
1. En la forma regulada en este Código.
2. En la forma religiosa legalmente prevista.

También podrá contraer matrimonio fuera de España con arreglo a la forma establecida por la ley del lugar de celebración.

Art. 50
Si ambos contrayentes son extranjeros, podrá celebrarse el matrimonio en España con arreglo a la forma prescrita para los españoles o cumpliendo la establecida por la ley personal de cualquiera de ellos.

Art. 51

Será competente para autorizar el matrimonio:

1. El Juez encargado del Registro Civil y el Alcalde del municipio donde se celebre el matrimonio o concejal en quien éste delegue.
2. En los municipios en que no resida dicho Juez, el delegado designado reglamentariamente.
3. El funcionario diplomático o consular encargado del Registro Civil en el extranjero.

(Fassung ab 30.06.2018:

1. *La competencia para constatar mediante acta o expediente el cumplimiento de los requisitos de capacidad de ambos contrayentes y la inexistencia de impedimentos o su dispensa, o cualquier género de obstáculos para contraer matrimonio corresponderá al Secretario judicial, Notario o Encargado del Registro Civil del lugar del domicilio de uno de los contrayentes o al funcionario diplomático o consular Encargado del Registro Civil si residiesen en el extranjero.*
2. *Será competente para celebrar el matrimonio:*
   1. *El Juez de Paz o Alcalde del municipio donde se celebre el matrimonio o concejal en quien éste delegue.*
   2. *El Secretario judicial o Notario libremente elegido por ambos contrayentes que sea competente en el lugar de celebración.*
   3. *El funcionario diplomático o consular Encargado del Registro Civil en el extranjero.)*

Art. 52

Podrá autorizar el matrimonio del que se halle en peligro de muerte:

1. El Juez encargado del Registro Civil, el delegado o el Alcalde, aunque los contrayentes no residan en la circunscripción respectiva.
2. En defecto del Juez, y respecto de los militares en campaña, el Oficial o Jefe superior inmediato.
3. Respecto de los matrimonios que se celebren a bordo de nave o aeronave, el Capitán o Comandante de la misma.

Este matrimonio no requerirá para su autorización la previa formación de expediente, pero sí la presencia, en su celebración, de dos testigos mayores de edad, salvo imposibilidad acreditada.

(Fassung ab 30.06.2018:

Podrán celebrar el matrimonio del que se halle en peligro de muerte:

1. *El Juez de Paz, Alcalde o Concejal en quien delegue, Secretario judicial, Notario o funcionario a que se refiere el artículo 51.*
2. *El Oficial o Jefe superior inmediato respecto de los militares en campaña.*
3. *El Capitán o Comandante respecto de los matrimonios que se celebren a bordo de nave o aeronave.*

El matrimonio en peligro de muerte no requerirá para su celebración la previa tramitación del acta o expediente matrimonial, pero sí la presencia, en su celebración, de dos testigos mayores de edad y, cuando el peligro de muerte derive de enfermedad o estado físico de alguno de los contrayentes, dictamen médico sobre su capacidad para la prestación del consentimiento y la gravedad de la situación, salvo imposibilidad acreditada, sin perjuicio de lo establecido en el artículo 65.)

Art. 53

La validez del matrimonio no quedará afectada por la incompetencia o falta de nombramiento legítimo del Juez, Alcalde o funcionario que lo autorice, siempre que al menos uno de los cónyuges hubiera procedido de buena fe y aquéllos ejercieran sus funciones públicamente.

(Fassung ab 30.06.2018:

La validez del matrimonio no quedará afectada por la incompetencia o falta de nombramiento del Juez de Paz, Alcalde, Concejal, Secretario judicial, Notario o funcionario ante quien se celebre, siempre que al menos uno de los cónyuges hubiera procedido de buena fe y aquellos ejercieran sus funciones públicamente.)

Art. 54

Cuando concurra causa grave suficientemente probada, el Ministro de Justicia podrá autorizar el matrimonio secreto. En este caso, el expediente se tramitará reservadamente, sin la publicación de edictos o proclamas.

Art. 59

El consentimiento matrimonial podrá prestarse en la forma prevista por una confesión religiosa inscrita, en los términos acordados con el Estado o, en su defecto, autorizados por la legislación de éste.

Art. 60

1. El matrimonio celebrado según las normas del Derecho canónico o en cualquiera de otras formas religiosas previstas en los acuerdos de cooperación entre el Estado y las confesiones religiosas produce efectos civiles.
2. Igualmente, se reconocen efectos civiles al matrimonio celebrado en la forma religiosa prevista por las iglesias, confesiones, comunidades religiosas o federaciones de las mismas que, inscritas en el Registro de Entidades Religiosas, hayan obtenido el reconocimiento de notorio arraigo en España.
   En este supuesto, el reconocimiento de efectos civiles requerirá el cumplimiento de los siguientes requisitos:
   a) La tramitación de un acta o expediente previo de capacidad matrimonial con arreglo a la normativa del Registro Civil.
   b) La libre manifestación del consentimiento ante un ministro de culto debidamente acreditado y dos testigos mayores de edad.

   La condición de ministro de culto será acreditada mediante certificación expedida por la iglesia, confesión o comunidad religiosa que haya obtenido el reconocimiento de notorio arraigo en España, con la conformidad de la federación que, en su caso, hubiere solicitado dicho reconocimiento.
3. Para el pleno reconocimiento de los efectos civiles del matrimonio celebrado en forma religiosa se estará a lo dispuesto en el Capítulo siguiente.

Art. 61

El matrimonio produce efectos civiles desde su celebración.
Para el pleno reconocimiento de los mismos será necesaria su inscripción en el Registro Civil.
El matrimonio no inscrito no perjudicará los derechos adquiridos de buena fe por terceras personas.

Art. 62

El Juez, Alcalde o funcionario ante quien se celebre el matrimonio extenderá, inmediatamente después de celebrado, la inscripción o el acta correspondiente con su firma y la de los contrayentes y testigos.

Asimismo, practicada la inscripción o extendida el acta, el Juez, Alcalde o funcionario entregará a cada uno de los contrayentes documento acreditativo de la celebración del matrimonio.
(Fassung ab 30.06.2018:
La celebración del matrimonio se hará constar mediante acta o escritura pública que será firmada por aquél ante quien se celebre, los contrayentes y dos testigos.
Extendida el acta o autorizada la escritura pública, se remitirá por el autorizante copia acreditativa de la celebración del matrimonio al Registro Civil competente, para su inscripción, previa calificación por el Encargado del mismo.)

Art. 63
La inscripción del matrimonio celebrado en España en forma religiosa se practicará con la simple presentación de la certificación de la iglesia, o confesión, comunidad religiosa o federación respectiva, que habrá de expresar las circunstancias exigidas por la legislación del Registro Civil.
Se denegará la práctica del asiento cuando de los documentos presentados o de los asientos del Registro conste que el matrimonio no reúne los requisitos que para su validez se exigen en este Título.

Art. 64
Para el reconocimiento del matrimonio secreto basta su inscripción en el libro especial del Registro Civil Central, pero no perjudicará los derechos adquiridos de buena fe por terceras personas sino desde su publicación en el Registro Civil ordinario.

Art. 65
Salvo lo dispuesto en el artículo 63, en todos los demás casos en que el matrimonio se hubiere celebrado sin haberse tramitado el correspondiente expediente, el Juez o funcionario encargado del Registro, antes de practicar la inscripción, deberá comprobar si concurren los requisitos legales para su celebración.
(Fassung ab 30.06.2018:
En los casos en que el matrimonio se hubiere celebrado sin haberse tramitado el correspondiente expediente o acta previa, si éste fuera necesario, el Secretario judicial, Notario, o el funcionario diplomático o consular

Encargado del Registro Civil que lo haya celebrado, antes de realizar las actuaciones que procedan para su inscripción, deberá comprobar si concurren los requisitos legales para su validez, mediante la tramitación del acta o expediente al que se refiere este artículo.
Si la celebración del matrimonio hubiera sido realizada ante autoridad o persona competente distinta de las indicadas en el párrafo anterior, el acta de aquélla se remitirá al Encargado del Registro Civil del lugar de celebración para que proceda a la comprobación de los requisitos de validez, mediante el expediente correspondiente. Efectuada esa comprobación, el Encargado del Registro Civil procederá a su inscripción.)

Art. 66
Los cónyuges son iguales en derechos y deberes.

Art. 67
Los cónyuges deben respetarse y ayudarse mutuamente y actuar en interés de la familia.

Art. 68
Los cónyuges están obligados a vivir juntos, guardarse fidelidad y socorrerse mutuamente. Deberán, además, compartir las responsabilidades domésticas y el cuidado y atención de ascendientes y descendientes y otras personas dependientes a su cargo.

Art. 69
Se presume, salvo prueba en contrario, que los cónyuges viven juntos.

Art. 70
Los cónyuges fijarán de común acuerdo el domicilio conyugal y, en caso de discrepancia, resolverá el Juez, teniendo en cuenta el interés de la familia.

Art. 71
Ninguno de los cónyuges puede atribuirse la representación del otro sin que le hubiere sido conferida.

Art. 73
Es nulo cualquiera que sea la forma de su celebración:
1. El matrimonio celebrado sin consentimiento matrimonial.
2. El matrimonio celebrado entre las personas a que se refieren los artículos 46 y 47, salvo los casos de dispensa conforme al artículo 48.

3. El que se contraiga sin la intervención del Juez, Alcalde o funcionario ante quien deba celebrarse, o sin la de los testigos.
4. El celebrado por error en la identidad de la persona del otro contrayente o en aquellas cualidades personales que, por su entidad, hubieren sido determinantes de la prestación del consentimiento.
5. El contraído por coacción o miedo grave.

(Fassung ab 30.06.2018:

Es nulo cualquiera que sea la forma de su celebración:

1. *° El matrimonio celebrado sin consentimiento matrimonial.*
2. *° El matrimonio celebrado entre las personas a que se refieren los artículos 46 y 47, salvo los casos de dispensa conforme al artículo 48.*
3. *° El que se contraiga sin la intervención del Juez de Paz, Alcalde o Concejal, Secretario judicial, Notario o funcionario ante quien deba celebrarse, o sin la de los testigos.*
4. *° El celebrado por error en la identidad de la persona del otro contrayente o en aquellas cualidades personales que, por su entidad, hubieren sido determinantes de la prestación del consentimiento.*
5. *° El contraído por coacción o miedo grave.)*

Art. 74

La acción para pedir la nulidad del matrimonio corresponde a los cónyuges, al Ministerio Fiscal y a cualquier persona que tenga interés directo y legítimo en ella, salvo lo dispuesto en los artículos siguientes.

Art. 80

Las resoluciones dictadas por los Tribunales eclesiásticos sobre nulidad de matrimonio canónico o las decisiones pontificias sobre matrimonio rato y no consumado tendrán eficacia en el orden civil, a solicitud de cualquiera de las partes, si se declaran ajustados al Derecho del Estado en resolución dictada por el Juez civil competente conformo a las condiciones a las que se refiere el artículo 954 de la Ley de Enjuiciamiento Civil.

Art. 81

Se decretará judicialmente la separación, cualquiera que sea la forma de celebración del matrimonio:

1. ° A petición de ambos cónyuges o de uno con el consentimiento del otro, una vez transcurridos tres meses desde la celebración del matrimonio.

A la demanda se acompañará una propuesta de convenio regulador redactada conforme al artículo 90 de este Código.

2. ° A petición de uno solo de los cónyuges, una vez transcurridos tres meses desde la celebración del matrimonio. No será preciso el transcurso de este plazo para la interposición de la demanda cuando se acredite la existencia de un riesgo para la vida, la integridad física, la libertad, la integridad moral o libertad e indemnidad sexual del cónyuge demandante o de los hijos de ambos o de cualquiera de los miembros del matrimonio.

A la demanda se acompañará propuesta fundada de las medidas que hayan de regular los efectos derivados de la separación.

(Fassung ab 30.06.2018:

Se decretará judicialmente la separación cuando existan hijos menores no emancipados o con la capacidad modificada judicialmente que dependan de sus progenitores, cualquiera que sea la forma de celebración del matrimonio:

1. *A petición de ambos cónyuges o de uno con el consentimiento del otro, una vez transcurridos tres meses desde la celebración del matrimonio. A la demanda se acompañará una propuesta de convenio regulador redactada conforme al artículo 90 de este Código.*
2. *A petición de uno solo de los cónyuges, una vez transcurridos tres meses desde la celebración del matrimonio. No será preciso el transcurso de este plazo para la interposición de la demanda cuando se acredite la existencia de un riesgo para la vida, la integridad física, la libertad, la integridad moral o libertad e indemnidad sexual del cónyuge demandante o de los hijos de ambos o de cualquiera de los miembros del matrimonio.*

A la demanda se acompañará propuesta fundada de las medidas que hayan de regular los efectos derivados de la separación.)

Art. 85

El matrimonio se disuelve, sea cual fuere la forma y el tiempo de su celebración, por la muerte o la declaración de fallecimiento de uno de los cónyuges y por el divorcio.

Art. 86

Se decretará judicialmente el divorcio, cualquiera que sea la forma de celebración del matrimonio, a petición de uno solo de los cónyuges, de ambos o de uno con el consentimiento del otro, cuando concurran los requisitos y circunstancias exigidos en el artículo 81.

Art. 107

1. La nulidad del matrimonio y sus efectos se determinarán de conformidad con la ley aplicable a su celebración.
2. La separación y el divorcio legal se regirán por las normas de la Unión Europea o españolas de Derecho internacional privado.

(Fassung ab 30.06.2018:

1. *La nulidad del matrimonio y sus efectos se determinarán de conformidad con la ley aplicable a su celebración.*
2. *La separación y el divorcio se regirán por la ley nacional común de los cónyuges en el momento de la presentación de la demanda; a falta de nacionalidad común, por la ley de la residencia habitual común del matrimonio en dicho momento y, en defecto de ésta, por la ley de la última residencia habitual común del matrimonio si uno de los cónyuges aún reside habitualmente en dicho Estado.*
   En todo caso, se aplicará la ley española cuando uno de los cónyuges sea español o resida habitualmente en España:
   a) *Si no resultara aplicable ninguna de las leyes anteriormente mencionadas.*
   b) *Si en la demanda presentada ante tribunal español la separación o el divorcio se pide por ambos cónyuges o por uno con el consentimiento del otro.*
   c) *Si las leyes indicadas en el párrafo primero de este apartado no reconocieran la separación o el divorcio o lo hicieran de forma discriminatoria o contraria al orden público.)*

Art. 314

La emancipación tiene lugar:

1. Por la mayor edad.
2. Por concesión de los que ejerzan la patria potestad.
3. Por concesión judicial.

Art. 915
La proximidad del parentesco se determina por el número de generaciones. Cada generación forma un grado.

Art. 916
La serie de grados forma la línea, que puede ser directa o colateral.
Se llama directa la constituida por la serie de grados entre personas que descienden una de otra.
Y colateral la constituida por la serie de grados entre personas que no descienden unas de otras, pero que proceden de un tronco común.

Art. 917
Se distingue la línea recta en descendente y ascendente.
La primera une al cabeza de familia con los que descienden de él.
La segunda liga a una persona con aquellos de quienes desciende.

Art. 918
En las líneas se cuentan tantos grados como generaciones o como personas, descontando la del progenitor.
En la recta se sube únicamente hasta el tronco. Así, el hijo dista del padre un grado, dos del abuelo y tres del bisabuelo.
En la colateral se sube hasta el tronco común y después se baja hasta la persona con quien se hace la computación. Por esto, el hermano dista dos grados del hermano, tres del tío, hermano de su padre o madre, cuatro del primo hermano y así en adelante.

2. Constitución Española

Art. 12
Los españoles son mayores de edad a los dieciocho años.

Art. 14
Los españoles son iguales ante la ley, sin que pueda prevalecer discriminación alguna por razón de nacimiento, raza, sexo, religión, opinión o cualquier otra condición o circunstancia personal o social.

Art. 16
1. Se garantiza la libertad ideológica, religiosa y de culto de los individuos y las comunidades sin más limitación, en sus manifestaciones, que la necesaria para el mantenimiento del orden público protegido por la ley.

2. Nadie podrá ser obligado a declarar sobre su ideología, religión o creencias.
3. Ninguna confesión tendrá carácter estatal. Los poderes públicos tendrán en cuenta las creencias religiosas de la sociedad española y mantendrán las consiguientes relaciones de cooperación con la Iglesia Católica y las demás confesiones.

Art. 24

1. Todas las personas tienen derecho a obtener la tutela efectiva de los jueces y tribunales en el ejercicio de sus derechos e intereses legítimos, sin que, en ningún caso, pueda producirse indefensión.
2. Asimismo, todos tienen derecho al Juez ordinario predeterminado por la ley, a la defensa y a la asistencia de letrado, a ser informados de la acusación formulada contra ellos, a un proceso público sin dilaciones indebidas y con todas las garantías, a utilizar los medios de prueba pertinentes para su defensa, a no declarar contra sí mismos, a no confesarse culpables y a la presunción de inocencia. La ley regulará los casos en que, por razón de parentesco o de secreto profesional, no se estará obligado a declarar sobre hechos presuntamente delictivos.

Art. 32

1. El hombre y la mujer tienen derecho a contraer matrimonio con plena igualdad jurídica.
2. La ley regulará las formas de matrimonio, la edad y capacidad para contraerlo, los derechos y deberes de los cónyuges, las causas de separación y disolución y sus efectos.

3. Acuerdo entre el Estado español y la Santa Sede sobre asuntos jurídicos

Art. VI

1) El Estado reconoce los efectos civiles al matrimonio celebrado según las normas del Derecho Canónico.
   Los efectos civiles del matrimonio canónico se producen desde su celebración. Para el pleno reconocimiento de los mismos, será necesaria la inscripción en el Registro Civil, que se practicará con la simple presentación de certificación eclesiástica de la existencia del matrimonio.

2) Los contrayentes, a tenor de las disposiciones del Derecho Canónico, podrán acudir a los Tribunales Eclesiásticos solicitando declaración de nulidad o pedir decisión pontificia sobre matrimonio rato y no consumado. A solicitud de cualquiera de las Partes, dichas resoluciones eclesiásticas tendrán eficacia en el orden civil si se declaran ajustadas al Derecho del Estado en resolución dictada por el Tribunal Civil competente.
3) La Santa Sede reafirma el valor permanente de su doctrina sobre el matrimonio y recuerda a quienes celebren matrimonio canónico la obligación grave que asumen de atenerse a las normas canónicas que lo regulan y, en especial, a respetar sus propiedades esenciales.

Art. VII
La Santa Sede y el Gobierno español procederán de común acuerdo en la resolución de las dudas o dificultades que pudieran surgir en la interpretación o aplicación de cualquier cláusula del presente Acuerdo, inspirándose para ello en los principios que lo informan.

Art. VIII
Quedan derogados los artículos I, II, III, IV, V, VI, VIII, IX, X (y el Acuerdo de 16 de julio de 1946), XI, XII, XIII, XIV, XVII, XXII, XXIII, XXIV, XXV, XXXIII, XXXIV, XXXV y XXXVI del vigente Concordato y el Protocolo final en relación con los artículos I, II, XXIII y XXV. Se respetarán, sin embargo, los derechos adquiridos por las personas afectadas por la derogación del artículo XXV y por el correspondiente Protocolo final.
Protocolo final
En relación con el artículo VI, 1):
Inmediatamente de celebrado el matrimonio canónico, el sacerdote ante el cual se celebró entregará a, los esposos la certificación eclesiástica con los datos exigidos para su inscripción en el Registro Civil. Y, en todo caso, el párroco en cuyo territorio parroquial se celebró el matrimonio, en el plazo de cinco días, transmitirá al encargado del Registro Civil que corresponda el Acta del matrimonio canónico para su oportuna inscripción, en el supuesto de que ésta no se haya efectuado ya a instancia de las partes interesadas.
Corresponde al Estado regular la protección de los derechos que, en tanto el matrimonio no sea inscrito, se adquieran de buena fe por terceras personas.

4. Verordnung (EG) Nr. 2116/2004 des Rates vom 2. Dezember 2004 zur Änderung der Verordnung (EG) Nr. 2201/2003 des Rates über die Zuständigkeit und die Anerkennung und Vollstreckung von Entscheidungen in Ehesachen und in Verfahren betreffend die elterliche Verantwortung und zur Aufhebung der Verordnung (EG) Nr. 1347/2000 in Bezug auf Verträge mit dem Heiligen Stuhl

Art. 63

Verträge mit dem Heiligen Stuhl

(1) Diese Verordnung gilt unbeschadet des am 7. Mai 1940 in der Vatikanstadt zwischen dem Heiligen Stuhl und Portugal unterzeichneten Internationalen Vertrags (Konkordat).

(2) Eine Entscheidung über die Ungültigkeit der Ehe gemäß dem in Absatz 1 genannten Vertrag wird in den Mitgliedstaaten unter den in Kapitel III Abschnitt 1 vorgesehenen Bedingungen anerkannt.

(3) Die Absätze 1 und 2 gelten auch für folgende internationalen Verträge (Konkordate) mit dem Heiligen Stuhl:

a) Lateranvertrag vom 11. Februar 1929 zwischen Italien und dem Heiligen Stuhl, geändert durch die am 18. Februar 1984 in Rom unterzeichnete Vereinbarung mit Zusatzprotokoll,

b) Vereinbarung vom 3. Januar 1979 über Rechtsangelegenheiten zwischen dem Heiligen Stuhl und Spanien.

(4) Für die Anerkennung der Entscheidungen im Sinne des Absatzes 2 können in Italien oder Spanien dieselben Verfahren und Nachprüfungen vorgegeben werden, die auch für Entscheidungen der Kirchengerichte gemäß den in Absatz 3 genannten internationalen Verträgen mit dem Heiligen Stuhl gelten.

(5) Die Mitgliedstaaten übermitteln der Kommission

a) eine Abschrift der in den Absätzen 1 und 3 genannten Verträge,

b) jede Kündigung oder Änderung dieser Verträge.

Art. 63 der Verordnung (EG) Nr. 2201/2003 wird wie folgt geändert:

1. In Absatz 3 wird folgender Buchstabe hinzugefügt:
   „c) Vereinbarung zwischen dem Heiligen Stuhl und Malta über die Anerkennung der zivilrechtlichen Wirkungen von Ehen, die nach kanonischem Recht geschlossen wurden, sowie von diese Ehen betreffenden Entscheidungen der Kirchenbehörden und -gerichte, einschließlich des Anwendungsprotokolls vom selben Tag, zusammen mit dem zweiten Zusatzprotokoll vom 6. Januar 1995."
2. Absatz 4 erhält folgende Fassung:
   „4. Für die Anerkennung der Entscheidungen im Sinne des Absatzes 2 können in Spanien, Italien oder Malta dieselben Verfahren und Nachprüfungen vorgegeben werden, die auch für Entscheidungen der Kirchengerichte gemäß den in Absatz 3 genannten internationalen Verträgen mit dem Heiligen Stuhl gelten."

5. Reglamento de la Ley del Registro Civil

Art. 258

En la inscripción de matrimonio constarán la hora, fecha y sitio en que se celebre, las menciones de identidad de los contrayentes, nombre, apellidos y cualidad del autorizante y, en su caso, la certificación religiosa o el acta civil de celebración.

En la inscripción de matrimonio por poder se expresará quién es el poderdante, menciones de identidad del apoderado y fecha y autorizante del poder en la del contraído con intérprete, sus menciones de identidad, idioma en que se celebra y contrayente a quien se traduce.

Art. 260

Podrá solicitarse dispensa de impedimentos, así como de publicación de edictos o proclamas, si en ambos casos existe justa causa suficientemente comprobada.

Quien la solicite acreditará los motivos de índole particular, familiar o social que invoque, y aportará, en su caso, un principio de prueba de impedimento.

6. Ley del Registro Civil

Art. 40

1. Las anotaciones registrales son la modalidad de asiento que en ningún caso tendrá el valor probatorio que proporciona la inscripción. Tendrán un valor meramente informativo, salvo los casos en que la Ley les atribuya valor de presunción.
2. Las anotaciones registrales se extenderán a petición del Ministerio Fiscal o de cualquier interesado.
3. Pueden ser objeto de anotación los siguientes hechos y actos:
   6.° La sentencia o resolución canónica cuya ejecución en cuanto a efectos civiles no haya sido decretada aún por el Tribunal correspondiente.

Art. 58

9. La celebración del matrimonio fuera de España corresponderá al funcionario consular o diplomático Encargado del Registro Civil en el extranjero. Si uno o los dos contrayentes residieran en el extranjero, la tramitación del expediente previo podrá corresponder al funcionario diplomático o consular Encargado del registro civil competente en la demarcación consular donde residan. El matrimonio así tramitado podrá celebrarse ante el mismo funcionario u otro distinto, o ante el Juez de Paz, Alcalde o Concejal en quien éste delegue, a elección de los contrayentes.

(Art. 58 bis – Tritt am 30.06.2018 in Kraft:

1. *Para la celebración del matrimonio en la forma religiosa prevista en el Acuerdo entre el Estado español y la Santa Sede sobre Asuntos Jurídicos y en los Acuerdos de cooperación del Estado con las confesiones religiosas se estará a lo dispuesto en los mismos.*
2. *En los supuestos de celebración del matrimonio en la forma religiosa prevista por las iglesias, confesiones, comunidades religiosas o federaciones de las mismas que, inscritas en el Registro de Entidades Religiosas, hayan obtenido el reconocimiento de notorio arraigo en España, requerirán la tramitación de un acta o expediente previo de capacidad matrimonial conforme al artículo anterior. Cumplido este trámite, el Secretario judicial, Notario, Encargado del Registro Civil o funcionario diplomático o consular Encargado del Registro Civil que haya intervenido expedirá dos copias del acta o resolución, que incluirá, en su caso, el juicio acreditativo de la capacidad matrimonial de los contrayentes,*

que éstos deberán entregar al ministro de culto encargado de la celebración del matrimonio.
El consentimiento deberá prestarse ante un ministro de culto y dos testigos mayores de edad. En estos casos, el consentimiento deberá prestarse antes de que hayan transcurrido seis meses desde la fecha del acta o resolución que contenga el juicio de capacidad matrimonial. A estos efectos se consideran ministros de culto a las personas físicas dedicadas, con carácter estable, a las funciones de culto o asistencia religiosa y que acrediten el cumplimiento de estos requisitos mediante certificación expedida por la iglesia, confesión o comunidad religiosa que haya obtenido el reconocimiento de notorio arraigo en España, con la conformidad de la federación que en su caso hubiera solicitado dicho reconocimiento.
Una vez celebrado el matrimonio, el oficiante extenderá certificación expresiva de la celebración del mismo, con los requisitos necesarios para su inscripción y las menciones de identidad de los testigos y de las circunstancias del expediente o acta previa que necesariamente incluirán el nombre y apellidos del Secretario judicial, Notario, Encargado del Registro Civil o funcionario diplomático o consular que la hubiera extendido, la fecha y número de protocolo en su caso. Esta certificación se remitirá por medios electrónicos, en la forma que reglamentariamente se determine, junto con la certificación acreditativa de la condición de ministro de culto, dentro del plazo de cinco días al Encargado del Registro Civil competente para su inscripción. Igualmente extenderá en las dos copias del acta o resolución previa de capacidad matrimonial diligencia expresiva de la celebración del matrimonio entregando una a los contrayentes y conservará la otra como acta de la celebración en el archivo del oficiante o de la entidad religiosa a la que representa como ministro de culto.)

Art. 59

1. El matrimonio cuyos requisitos se hayan constatado y celebrado según el procedimiento previsto en el artículo 58 se inscribirá en los registros individuales de los contrayentes.
2. El matrimonio celebrado ante autoridad extranjera accederá al Registro Civil español mediante la inscripción de la certificación correspondiente, siempre que tenga eficacia con arreglo a lo previsto en la presente Ley.

3. El matrimonio celebrado en España en forma religiosa accederá al Registro Civil mediante la inscripción de la certificación emitida por el ministro de culto, conforme a lo previsto en el artículo 63 del Código Civil.
4. Practicada la inscripción, el Encargado del Registro Civil pondrá a disposición de cada uno de los contrayentes certificación de la inscripción del matrimonio.
5. La inscripción hace fe del matrimonio y de la fecha y lugar en que se contrae y produce el pleno reconocimiento de los efectos civiles del mismo frente a terceros de buena fe.

(*Fassung ab 30.06.2018:*

1. *El matrimonio autorizado y celebrado según el procedimiento previsto en el artículo anterior se inscribirá en los registros individuales de los contrayentes.*
2. *El matrimonio celebrado ante autoridad extranjera accederá al Registro Civil español mediante la inscripción de la certificación correspondiente, siempre que tenga eficacia con arreglo a lo previsto en la presente Ley.*
3. *El matrimonio celebrado en España en forma religiosa accederá al Registro Civil mediante la inscripción de la certificación de la Iglesia o Confesión respectiva conforme a lo previsto en el artículo 63 del Código Civil.*
4. *La inscripción hace fe del matrimonio y de la fecha y lugar en que se contrae.*)

Art. 61

El Secretario judicial del Juzgado o Tribunal que hubiera dictado la resolución judicial firme de separación, nulidad o divorcio deberá remitir en el mismo día o al siguiente hábil y por medios electrónicos testimonio de la misma a la Oficina General del Registro Civil, la cual practicará de forma inmediata la correspondiente inscripción. Las resoluciones judiciales que resuelvan sobre la nulidad, separación y divorcio podrán ser objeto de anotación hasta que adquieran firmeza.

La misma obligación tendrá el Notario que hubiera autorizado la escritura pública formalizando un convenio regulador de separación o divorcio.

Las resoluciones judiciales o las escrituras públicas que modifiquen las inicialmente adoptadas o convenidas también deberán ser inscritas en el Registro Civil.
Las resoluciones sobre disolución de matrimonio canónico, dictadas por autoridad eclesiástica reconocida, se inscribirán si cumplen los requisitos que prevé el ordenamiento jurídico.
(*Fassung ab 30.06.2018:*
El secretario judicial del Juzgado o Tribunal que hubiera dictado la resolución judicial firme de separación, nulidad o divorcio deberá remitir por medios electrónicos testimonio de la misma a la Oficina del Registro Civil, la cual practicará de forma inmediata la correspondiente inscripción. Las resoluciones judiciales que resuelvan sobre la nulidad, separación y divorcio podrán ser objeto de anotación hasta que adquieran firmeza.
Las resoluciones sobre disolución de matrimonio canónico, dictadas por autoridad eclesiástica reconocida, se inscribirán si cumplen los requisitos que prevé el ordenamiento jurídico.)

Art. 83

1. A los efectos de la presente Ley, se considerarán datos especialmente protegidos:
   a) La filiación adoptiva y la desconocida.
   b) Los cambios de apellido autorizados por ser víctima de violencia de género o su descendiente, así como otros cambios de identidad legalmente autorizados.
   c) La rectificación del sexo.
   d) Las causas de privación o suspensión de la patria potestad.
   e) El matrimonio secreto.
2. Estarán sometidos al mismo régimen de protección los documentos archivados por contener los extremos citados en el apartado anterior o que estén incorporados a expedientes que tengan carácter reservado.
3. Los asientos que contengan información relativa a los datos relacionados en el apartado anterior serán efectuados del modo que reglamentariamente se determine con el fin de que, salvo el propio inscrito, solo se pueda acceder a ellos con la autorización expresada en el artículo siguiente.

7. Ley de Enjuiciamiento Civil

Art. 778

Eficacia civil de resoluciones de los tribunales eclesiásticos o de decisiones pontificias sobre matrimonio rato y no consumado.

1. En las demandas en solicitud de la eficacia civil de las resoluciones dictadas por los tribunales eclesiásticos sobre nulidad del matrimonio canónico o las decisiones pontificias sobre matrimonio rato y no consumado, si no se pidiera la adopción o modificación de medidas, el tribunal dará audiencia por plazo de diez días al otro cónyuge y al Ministerio Fiscal y resolverá por medio de auto lo que resulte procedente sobre la eficacia en el orden civil de la resolución o decisión eclesiástica.
2. Cuando en la demanda se hubiere solicitado la adopción o modificación de medidas, se sustanciará la petición de eficacia civil de la resolución o decisión canónica conjuntamente con la relativa a las medidas, siguiendo el procedimiento que corresponda con arreglo a lo dispuesto en el artículo 770.

8. Orden sobre inscripción en el Registro Civil de determinados matrimonios celebrados en forma religiosa y aprobación del modelo de certificado de capacidad matrimonial y de celebración de matrimonio religioso (19.04.2016)

La entrada en vigor de la Ley 15/2015, de 2 de julio, de la Jurisdicción Voluntaria, ha supuesto la modificación, entre otras materias, de la regulación del matrimonio en forma religiosa. En este sentido, mediante su disposición final primera, la mencionada Ley modifica determinados artículos del Código Civil y, en concreto, el artículo 60, cuya entrada en vigor se produjo con fecha 23 de julio de 2015. Dicha modificación implica que, según establece el apartado 2 de dicho artículo, se reconocen efectos civiles al matrimonio celebrado en la forma religiosa prevista por las iglesias, confesiones, comunidades religiosas o federaciones de las mismas que, inscritas en el Registro de Entidades Religiosas, hayan obtenido el reconocimiento de notorio arraigo en España.

A fecha de entrada en vigor de la presente Orden, se ha declarado el notorio arraigo en España de la Iglesia de Jesucristo de los Santos de los Últimos Días (2003), de la Iglesia de los Testigos de Jehová (2006), de las Comunidades Budistas que forman parte de la Federación de Comunidades Budistas de España (2007) y de la Iglesia Ortodoxa (2010).
Asimismo, la referida Ley 15/2015, de 2 de julio, ha modificado el artículo 7 de las Leyes 24/1992, 25/1992 y 26/1992, de 10 de noviembre, por las que se aprueban, respectivamente, los Acuerdos de Cooperación del Estado con la Federación de Entidades Religiosas Evangélicas de España, con la Federación de Comunidades Judías de España y con la Comisión Islámica de España. En virtud de lo establecido en la disposición final vigésima primera de la Ley 15/2015, de 2 de julio, las referidas modificaciones, contenidas en las disposiciones finales quinta, sexta y séptima respectivamente, entrarán en vigor el 30 de junio de 2017.
Por todo ello, a iniciativa conjunta de los Directores Generales de los Registros y del Notariado y de Cooperación Jurídica Internacional y Relaciones con las Confesiones, habiendo dado trámite de audiencia a la Federación de Entidades Religiosas Evangélicas de España, la Federación de Comunidades Judías de España, la Comisión Islámica de España, la Iglesia de Jesucristo de los Santos de los Últimos Días, la Iglesia de los Testigos de Jehová, la Federación de Comunidades Budistas de España y la Iglesia Ortodoxa, dispongo:

Art. 1. Objeto.
El objeto de esta orden ministerial es dictar las normas reguladoras del modo de inscribir en el Registro Civil los matrimonios celebrados en forma religiosa. Asimismo, se aprueban, para los matrimonios que se celebren con posterioridad a la entrada en vigor de la Ley 15/2015, de 2 de julio, de la Jurisdicción Voluntaria, los modelos de certificado de capacidad matrimonial y de certificación de la celebración del matrimonio, que se incorporan como anexos a la presente Orden.

Art. 2. Ámbito territorial.
El régimen de inscripción en el Registro Civil de los matrimonios contemplados en el artículo 7 de los Acuerdos de Cooperación del Estado con la Federación de Entidades Religiosas Evangélicas de España, con la Federación de Comunidades Judías de España y con la Comisión Islámica

de España, aprobados respectivamente por las Leyes 24/1992, 25/1992 y 26/1992, de 10 noviembre, así como del previsto en el apartado 2 del artículo 60 del Código Civil, relativo al celebrado en la forma religiosa prevista por las iglesias, confesiones, comunidades religiosas o federaciones de las mismas que, inscritas en el Registro de Entidades Religiosas, hayan obtenido el reconocimiento de notorio arraigo en España, sólo es aplicable a los matrimonios celebrados en España en las referidas formas religiosas. Ha de observarse, sin embargo, que estos matrimonios celebrados en el extranjero, si afectasen a algún ciudadano español, de conformidad con lo dispuesto en el artículo 15 de la Ley de 8 de junio de 1957, del Registro Civil y en el artículo 66 del Decreto de 14 de noviembre de 1958 por el que se aprueba el Reglamento del Registro Civil, podrán inscribirse en el Registro competente si se comprueba que han concurrido los requisitos legales exigidos.

Art. 3. Ámbito personal.
Habrán de ajustarse a la nueva regulación los matrimonios que se celebren en España si uno o ambos contrayentes tienen la nacionalidad española, y si ambos contrayentes son extranjeros, siempre que elijan contraer matrimonio en alguna de las formas religiosas a que se refiere el derecho español.
Esta regulación no sería de aplicación cuando los contrayentes extranjeros opten por celebrar su matrimonio en España en otra forma religiosa admitida por la ley personal de alguno de ellos, de conformidad con lo previsto en el artículo 50 del Código Civil, en cuyo caso la inscripción en el Registro Civil requerirá la comprobación de los requisitos sustantivos exigidos por el artículo 65 del Código Civil a través de los medios que señalan los artículos 256 y 257 del Reglamento del Registro Civil.

Art. 4. Régimen de inscripción.
La inscripción en el Registro Civil competente de los matrimonios celebrados en la forma religiosa prevista en los Acuerdos de Cooperación del Estado con la Federación de Entidades Religiosas Evangélicas de España, con la Federación de Comunidades Judías de España y con la Comisión Islámica de España, así como en el apartado 2 del artículo 60 del Código Civil, requerirá la previa tramitación de un acta o expediente previo de capacidad matrimonial, a los efectos de acreditar el cumplimiento de los

requisitos de capacidad de los contrayentes y la inexistencia de impedimentos exigidos por el Código Civil.
Cumplido este trámite, se expedirá por triplicado acta o resolución previa de capacidad matrimonial de los contrayentes, que éstos deberán entregar al oficiante ante quien se vaya a celebrar el matrimonio.
El consentimiento deberá prestarse antes de que hayan transcurrido seis meses desde la fecha del acta o resolución que contenga el juicio de capacidad matrimonial.

Art. 5. Certificación de la celebración del matrimonio y certificación de capacidad matrimonial.
El matrimonio celebrado en España en alguna de las referidas formas religiosas indicadas en el artículo 2 de la presente orden se hará constar en certificación expresiva de la celebración del mismo extendida por el ministro de culto oficiante o, en el supuesto de matrimonio islámico, por el representante de la Comunidad Islámica, que deberá ser firmada, además de por aquel ante quien se celebra, por los contrayentes y dos testigos mayores de edad.
En dicha certificación constarán los requisitos necesarios para su inscripción y las menciones de identidad de los testigos y de las circunstancias del expediente previo de capacidad matrimonial, que necesariamente incluirá el nombre y apellidos del Encargado del Registro Civil correspondiente que lo hubiera tramitado.
Hasta la entrada en vigor del reglamento que regule la forma de remisión por medios electrónicos, la certificación expresiva de la celebración del matrimonio y la certificación acreditativa de la condición de ministro de culto o de la capacidad del representante de la Comunidad Islámica para celebrar matrimonios se enviarán al Encargado del Registro Civil competente para su inscripción, dentro de los cinco días siguientes a la celebración del matrimonio.
El oficiante extenderá en las dos copias de la resolución de capacidad matrimonial diligencia expresiva de la celebración del matrimonio, entregando una a los contrayentes y conservando la otra como acta de la celebración en el archivo del oficiante o de la entidad religiosa a la que representa como ministro de culto.

Las referidas certificaciones de capacidad matrimonial y de la celebración del matrimonio habrán de adecuarse a los modelos que se incorporan como anexo a la presente orden.

Los modelos de los referidos certificados se editarán por triplicado -siendo un ejemplar para el Registro Civil competente para la inscripción del matrimonio, otro para el archivo del oficiante o de la entidad religiosa a la que representa y otro para los contrayentes-, debiendo cumplimentarse los apartados correspondientes al certificado de capacidad matrimonial por el Encargado del Registro Civil competente que haya instruido el expediente previo.

En las Comunidades Autónomas con lengua cooficial distinta del castellano, los modelos de certificados serán redactados en texto bilingüe, esto es, en castellano y en la otra lengua oficial de la Comunidad Autónoma.

En el caso de remisión de las referidas certificaciones por medios electrónicos, éstas deberán ajustarse a los principios y directrices de interoperabilidad en el intercambio y conservación de la información electrónica por parte de las Administraciones Públicas, que establece el Esquema Nacional de Interoperabilidad

Disposición transitoria única. Expedientes matrimoniales iniciados con anterioridad al 30 de junio de 2017 y con posterioridad a dicha fecha.

Los expedientes matrimoniales que se inicien con anterioridad al 30 de junio de 2017 serán instruidos por el Encargado del Registro Civil competente conforme a las disposiciones de la Ley del Registro Civil.

A partir del 30 de junio de 2017, con la entrada en vigor de las disposiciones finales quinta, sexta y séptima de la Ley 15/2015, de 2 de julio, de la Jurisdicción Voluntaria, la tramitación del acta o expediente previo de capacidad matrimonial competerá al Notario, Letrado de la Administración de Justicia o Encargado del Registro Civil del lugar del domicilio de alguno de los contrayentes, con arreglo a la normativa del Registro Civil.

Disposición derogatoria única. Derogación de normas.

Queda derogada la Orden del Ministerio de Justicia de 21 de enero de 1993 por la que se aprueba modelo de certificado de capacidad matrimonial y de celebración de matrimonio religioso.

Queda derogada la Instrucción de 10 de febrero de 1993, de la Dirección General de los Registros y del Notariado, sobre la inscripción en el Registro Civil de determinados matrimonios celebrados en forma religiosa.

Disposición final única. Entrada en vigor.
La presente Orden entrará en vigor el día siguiente al de su publicación en el «Boletín Oficial del Estado».
Madrid, 19 de abril de 2016. – El Ministro de Justicia, Rafael Catalá Polo.

ANEXO I

Certificado de capacidad matrimonial
Don/Doña..
..................................Encargado/a del Registro Civil/Notario/ Letrado de la Administración de Justicia (táchese lo que no proceda) de......................... certifica, como resultado del acta/expediente instruido al efecto que, conforme al Código Civil, tienen capacidad para contraer matrimonio entre sí:
Don/Doña..
.... hijo/a de....................................... y de.................................., nacido/a en..............................., el día..... de..................... de......., cuyo nacimiento consta inscrito en el Registro Civil de........................, Tomo....., página....., estado civil........., domiciliado/a en..., nacionalidad................
Y Don/Doña..
..............................., hijo/a de.................................... y de................................., nacido/a en..........................., el día..... de......... de........, cuyo nacimiento consta inscrito en el Registro Civil de................., Tomo......, página...... estado civil................, domiciliado/a en.................................., nacionalidad......................
Expedido en..................................., el día............. de......................... de.......
Firma del Encargado/a, o Notario o Letrado de la Administración de Justicia
Nota: la validez de este certificado expira a los seis meses de su expedición.
Certificación de la celebración del matrimonio
Don/Doña..
..............., en su calidad de (1)...

.... certifica que las personas a que se refiere el certificado anterior de capacidad matrimonial extendido por el/la Encargado/a del Registro Civil/Notario/Letrado de la Administración de Justicia (táchese lo que no proceda) de..
Don/Doña.., han celebrado matrimonio religioso........................... ante Don/ Doña.. en su calidad de.. y los testigos mayores de edad Don/Doña..
...., DNI............................
y Don/Doña..,
DNI...................... El matrimonio se ha celebrado en.....................
.... (término municipal, calle y número) el día......... de....................... de..........
Firma del Oficiante/Firma de los contrayentes/Firma de los testigos
(1) Señálese: Ministro de culto oficiante/Representante de la Comunidad Islámica en que se hubiera contraído el matrimonio, en el caso de matrimonio celebrado según la forma religiosa establecida en la Ley Islámica.
Nota: La intervención del Notario o del Letrado de la Administración de Justicia se producirá a partir del 30 de junio de 2017, con la entrada en vigor de las modificaciones contenidas en las disposiciones finales quinta, sexta y séptima de la Ley 15/2015, de 2 de julio, de la Jurisdicción Voluntaria.

Verzeichnisse

Quellen (chronologisch)

Kirchliche Quellen:

Sacra Congregatio Concilii, Decretum Ne Temere (02.08.1907), in: ASS 40 (1907) 525–530.

Benedictus XV., Codex Iuris Canonici (27.05.1917); in AAS 9 (1917) pars II, 11–456.

Sacra Congregatio Sancti Officii, Normae pro conficiendo processu in casibus solutionis vinculi matrimonialis in favorem fidei per supremam Summi Pontificis auctoritatem (01.05.1934), Vatikanstadt 1934.

Pius XII., Motu Proprio Apostolico Hispaniarum Nuntio (07.04.1947), in: AAS 39 (1947) 155–163.

Pius XII., Motu Proprio abrogatur alterum comma paragraphi secundae can. 1099 (01.08.1948), in: AAS 40 (1948) 305–306.

Bistum Augsburg, Erlass zur Eheschließung spanischer Staatsangehöriger (04.12.1981), in: ABl. Augsburg 17 (1981) 376.

Ioannes Paulus II., Codex Iuris Canonici (25.01.1983), in: AAS 75 (1983), pars II, 1–317.

Ioannes Paulus II., Codex Canonum Ecclesiarum Orientalium (18.10.1990), in: AAS 82 (1990) 1061–1363.

Congregatio pro Doctrina Fidei, Normae de conficiendo processu pro solutione vinculi matrimonialis in favorem fidei (30.04.2001), abgedruckt in: AfkKR 171/I (2002) 165–168 und DPM 9 (2002) 356–365.

Benedictus XVI., Litterae Apostolicae motu proprio datae Omnium in mentem (26.10.2009), in: AAS 102 [2010] 8–10.

Benedictus XVI., Litterae Apostolicae motu proprio datae Quaerit semper (30.08.2011), in: AAS 103 (2011) 569–571.

Franciscus, Litterae Apostolicae motu proprio datae Mitis Iudex Dominus Iesus (15.08.2015), in: AAS 107 (2015) 958–970.

Staatliche Quellen:

Real Decreto por el que se publica el Código Civil, 24.07.1889, in: Gaceta de Madrid n. 206, 25.07.1889, 249–259, Referencia: BOE-A-1889–4763.

Real Orden resolviendo que no se exija á los que pretendan contraer matrimonio civil, conforme á los artículos 86, 89 y siguientes del Código Civil, declaración alguna relativa á la religión que profesen, 27.08.1906, in: Gaceta de Madrid n. 240, 28.08.1906, 830–831, Referencia: BOE-A-1906–5323.

Real orden dejando sin efecto la de 27 de Agosto último, por la que se dispone no se exija á los que pretendan contraer matrimonio civil declaración alguna relativa á la religión que profesen, y disponiendo que en los desacuerdos que puedan surgir entre Autoridades civiles y eclesiásticas sobre opción entre ambas formas de matrimonio, 28.02.1907, in: Gaceta de Madrid n. 60, 01.03.1907, 781–782, Referencia BOE-A-1907–1745.

Real orden, comunicada, dictando disposiciones encaminadas á averiguar si procede la incoación del oportuno sumario contra un Juez municipal que denegó la autorización para celebrar un matrimonio civil por personas que declaraban pertenecer á la Religión católica, 28.06.1913, in: Gaceta de Madrid n. 185, 04.07.1913, 35, Referencia: BOE-A-1913–5453.

Real Decreto concediendo el Pase al Codex juris canonici promulgado por la Constitución Apostólica Providentíssima Mater de S. S. Benedicto XV., 09.05.1919, in: Gaceta de Madrid n. 140, 20.05.1919, 610, Referencia: BOE-A-1919–3445.

Decreto declarando en suspenso la vigencia del Decreto de 3 de noviembre próximo pasado, sobre el divorcio, 03.12.1931, in: Gaceta de Madrid n. 345, 11.12.1931, 1617, Referencia BOE-A-1931–10041.

Constitución de la República Española, 09.12.1931, in: Gaceta de Madrid n. 344, 10.12.1931, 1578–1588, Referencia: Referencia BOE-A-1931–10008.

Ley del divorcio, 02.03.1932, in: Gaceta de Madrid n. 71, 11.03.1932, 1762–1767, Referencia: BOE-A-1932–1855.

Ley del matrimonio civil obligatorio, 28.06.1932, in: Gaceta de Madrid n. 185, 03.07.1932, 60, Referencia: BOE-A-1932–5133.

Ley disponiendo quede modificada en los términos que se indica la regla transitoria cuarta de la ley de Divorcio, 11.09.1932, in: Gaceta de Madrid n. 265, 21.09.1932, 2094, Referencia: BOE-A-1932–7316.

Orden dictando normas relativas a los expedientes de matrimonio Civil que se hallan en tramitación (22.03.1938), in: BOE n. 520, 25.03.1938, 6417–6418, Referencia: BOE-A-1938–3657.

Ley derogando la Ley de matrimonio civil de 28 de junio de 1932 y las disposiciones dictadas para su aplicación, 12.03.1938, in: BOE n. 516, 21.03.1938, 6353–6354, Referencia: BOE-A-1938–3521.

Ley de 23 de septiembre relativa al divorcio, in: BOE n. 278, 05.10.1939, 5574–5575, Referencia: BOE-A-1939–11329.

Ley sobre el Registro Civil, 08.07.1957, in: BOE n. 151, 10.06.1957, 372–379, Referencia: BOE-A-1957–7537.

Código Civil. Ley por la que se modifican determinados artículos del mismo, 24.04.1958, in: BOE n. 99, 25.04.1958, 730–738, Referencia: BOE-B-1958–6677.

Reglamento de la Ley del Registro Civil, 14.11.1958, in: BOE n. 296, 11.12.1958, 10977–11004, Referencia: BOE-A-1958–18486.

Constitución Española, 27.12.1978, in: BOE n. 311, 29.12.1978; 29313–29424, Referencia: BOE-A-1978–31229.

Instrumento de Ratificación del Acuerdo entre el Estado español y la Santa Sede sobre asuntos jurídicos, firmado el 3 de enero 1979 en la Ciudad del Vaticano, in: BOE n. 300, 15.12.1979, 28781–28782, Referencia: BOE-A-1979–29489.

Circular de la Dirección General de los Registros y del Notariado sobre inscripción en el Registro Civil de los matrimonios canónicos, 15.02.1980, in: BOE n. 47, 23.02.1980, 4247–4247, Referencia: BOE-A-1980–4214.

Ley Orgánica de Libertad Religiosa 7/1980, 05.07.1980, in: BOE n. 177, 24.07.1980, 16804 -16805, Referencia: BOE-A-1980–15955.

Ley 30/1981 por la que se modifica la regulación del matrimonio en el Código Civil y se determina el procedimiento a seguir en las causas de nulidad, separación y divorcio, 07.07.1981, in: BOE n. 172, 20.07.1981, 16457–16462, Referencia: BOE-A-1981–16216.

Real Decreto 1917/1986 de modificación de determinados artículos del Reglamento del Registro Civil, 29.08.1986, in: BOE n. 225, 19.09.1986, 32300–32310, Referencia: BOE-A-1986–24861.

Sala Segunda. Sentencia 265/1988, de 22 de diciembre. Recurso de amparo 1.468/1987. Contra Auto del Juzgado de Primera Instancia número 1 de Vitoria por el que se acuerda el reconocimiento de eficacia civil de la dispensa matrimonial concedida por rescripto pontificio. Vulneración del derecho a la tutela judicial efectiva, in: BOE n. 19, 23.01.1989, 28–31, Referencia: BOE-T-1989–1712.

Ley 24/1992 por la que se aprueba el Acuerdo de Cooperación del Estado con la Federación de Entidades Religiosas Evangélicas de España, 12.11.1992, in: BOE n. 272, 12.11.1992, 38209–38211, Referencia: BOE-A-1992–24853.

Ley 25/1992 por la que se aprueba el Acuerdo de Cooperación del Estado con la Federación de Comunidades Israelitas de España, 12.11.1992, in: BOE n. 272, 12.11.1992, 38211–38214, Referencia: BOE-A-1992–24854.

Ley 26/1992 por la que se aprueba el Acuerdo de Cooperación del Estado con la Comisión Islámica de España, 12.11.1992, in: BOE n. 272, 12.11.1992, 38214–38217, Referencia: BOE-A-1992–24855.

Ley 35/1994 de modificación del Código Civil en materia de autorización del matrimonio civil por los alcaldes, 23.12.1994, in: BOE n. 307, 24.12.1994, 38671–38672, Referencia: BOE-A-1994–28511.

Ley de Enjuiciamiento Civil 1/2000, 07.01.2000, in: BOE n. 7, 08.01.2000, 575–728, Referencia: BOE-A-2000-323.

Instrucción de la Dirección General de los Registros y del Notariado, sobre los matrimonios de complacencia, 31.01.2006, in: BOE n. 41, 17.02.2006, 6330–6338, Referencia: BOE-A-2006–2776.

Ley 20/2011 del Registro Civil, 21.07.2011, in: BOE n. 175, 22.07.2011, 81468- 81502, Referencia: BOE-A-2011–12628.

Orden JUS/577 sobre inscripción en el Registro Civil de determinados matrimonios celebrados en forma religiosa y aprobación del modelo de certificado de capacidad matrimonial y de celebración de matrimonio religioso, 19.04.2016, in: BOE n. 97, 22.04.2016, 27182–27185, Referencia: BOE-A-2016–3874.

Recht der Europäischen Union:

Entschließung des Rates vom 4. Dezember 1997 über Maßnahmen zur Bekämpfung von Scheinehen, in: Amtsblatt der Europäischen Gemeinschaft (97/C 382/ 01), in: ABl. C 382 vom 16.12. 1997, 1.

Verordnung (EG) Nr. 2201/2003 des Rates vom 27. November 2003 über die Zuständigkeit und die Anerkennung und Vollstreckung von

Entscheidungen in Ehesachen und in Verfahren betreffend die elterliche Verantwortung und zur Aufhebung der Verordnung (EG) Nr. 1347/2000 (ABl. Nr. L 338 S. 1), zuletzt geändert durch Art. 1 Verordnung (EG) Nr. 2116/2004 des Rates vom 2. Dezember 2004 zur Änderung der Verordnung (EG) Nr. 2201/2003 des Rates über die Zuständigkeit und die Anerkennung und Vollstreckung von Entscheidungen in Ehesachen und in Verfahren betreffend die elterliche Verantwortung und zur Aufhebung der Verordnung (EG) Nr. 1347/2000 in Bezug auf Verträge mit dem Heiligen Stuhl vom 02.12.2004 (ABl. L 367 S. 1)

Vereinbarungen zwischen Kirche und Staat:

Concordato fra la Santa Sede e l'Italia (11.02.1929), in: AAS 21 (1929) 275–294.

Concordata entre a Santa Sé e a Republica Portuguesa (07.05.1940), in: AAS 32 (1940) 217–233.

Concordato entre la Santa Sede y España (27.08.1953), in: AAS 45 (1953) 625–656.

Concordato entre la Santa Sede y la Republica Dominicana (16.06.1954), in: AAS 46 (1954) 433–457.

Acuerdo entre la Santa Sede y el Estado Español (29.07.1976), in: AAS 68 (1976) 509–512 sowie BOE n. 230, 24.09.1976, 18664–18665, Referencia: BOE-A-1976–18294.

Acuerdo entre el Estado español y la Santa Sede sobre asuntos económicos (03.01.1979), in: AAS 72 (1980) 56–62 sowie BOE n. 300, 15.12.1979, 28782–28783, Referencia: BOE-A-1979–29490.

Acuerdo entre el Estado español y la Santa Sede sobre enseñanza y asuntos culturales (03.01.1979), in: AAS 72 (1980) 37–46 sowie BOE n. 300, 15.12.1979, 28784–28785, Referencia: BOE-A-1979–29491.

Acuerdo entre el Estado español y la Santa Sede sobre la asistencia religiosa a las fuerzas armadas y el servicio militar de clérigos y religiosos (03.01.1979), in: AAS 72 (1980) 47–55 sowie BOE n. 300, 15.12.1979, 28785–28787, Referencia: BOE-A-1979–29492.

Acuerdo entre el Estado español y la Santa Sede sobre asuntos jurídicos (03.01.1979), in: AAS72 (1980), 29–36 sowie BOE n. 300, 15.12.1979, 28781–28782, Referencia: BOE-A-1979–29489.

Accordo tra la Santa Sede e la Repubblica Italiana che apporta modificazioni al Concordato Lateranense (18.02.1984), in: AAS 77 (1985) 521–578.

Conventione inter Apostolicam Sedem et Melitensem rem publicam de civilibus agnoscenda matrimonium canonicorum effectibus necnon sententiarum iisdem super conubiis auctoritatum tribunaliumque ecclesiasticorum (06.01.1995), in: AAS 89 (1997) 679–694.

Internet:

www.boe.es (offizielle Internetseite zum spanischen *Boletín Oficial del Estado*)

Literatur (alphabetisch)

Abarca, Paloma, Divorcio y cambio normativo en la jurisprudencia española, in: Anuario de Derecho Civil XXXIV (1981) 734–745.

Adam, Boris Manfred/Perona Feu, Paulino José, Spanien, in: Rieck, Jürgen (Hg.), Ausländisches Familienrecht, Loseblattsammlung, 11. Ergänzungslieferung, München [12]2014.

Adomeit, Klaus, Einführung in das spanische Recht. Das Verfassungs-, Zivil-, Wirtschafts- und Arbeitsrecht Spaniens, München [3]2007 (Schriftenreihe der Juristischen Schulung 119).

Adroher Biosca, Salomé, Matrimonio islámico y derecho internacional privado español, in: FS Díaz Moreno, 879–899.

Althammer, Christoph (Hg.), Brüssel IIa. Rom III. Kommentar zu den Verordnungen (EG) 2201/2003 und (EU) 1259/2010, München 2014.

Althaus, Rüdiger/**Prader**, Josef/**Reinhardt**, Heinrich J. F., Das kirchliche Eherecht in der seelsorgerischen Praxis. Orientierungshilfen für die Ehevorbereitung und Krisenberatung. Hinweise auf die Rechtsordnungen der Ostkirchen und auf das islamische Eherecht, 5., vollständig neu bearbeitete Auflage, Essen 2014.

Althaus, Rüdiger/**Reinhardt**, Heinrich J.F., Die kirchliche Trauung. Ehevorbereitung, Trauung und Registrierung der Eheschließung im Bereich der Deutschen Bischofskonferenz, Essen [3]2014 (Beihefte zum Münsterischen Kommentar zum Codex Iuris Canonici 3).

Aymans, Winfried/**Mörsdorf**, Klaus, Kanonisches Recht. Lehrbuch aufgrund des Codex Iuris Canonici, Band III, Paderborn 2006.

Aznar Gil, Federico R./**Olmos Ortega**, María Elena, La preparación, celebración e inscripción del matrimonio en España, Salamanca 1996 (Estudios Familiares 10).

Babé, Lourdes, Notas históricas del sistema matrimonial español, in: FS Díaz Moreno, 1009–1029.

Beltrán de Heredia, Vicente, Bulario de la Universidad de Salamanca (1219–1549), Tomo I, Salamanca 1966.

Bergmann, Alexander/**Ferid**, Murad, Internationales Ehe- und Kindschaftsrecht, Loseblattsammlung in zehn Bänden, 182. Lieferung, Frankfurt am Main 2014.

Cañamares Arribas, Santiago, El matrimonio canónico en la jurisprudencia civil, Navarra 2003.

Cañamares Arribas, Santiago, El sistema matrimonial español, in: Jusdado Ruiz-Capillas, Miguel Angel (Hg.), Derecho matrimonial canónico y eclesiástico del estado, Madrid 2006, 255–269.

Cañamares Arribas, Santiago, El momento constitutivo, registral y extintivo del matrimonio canónico, in: Jusdado Ruiz-Capillas, Miguel Angel (Hg.), Derecho matrimonial canónico y eclesiástico del estado, Madrid 2006, 271–298.

Cañivano, Miguel Angel, Las normas religiosas en el derecho español. La eficacia civil de los ordenamientos jurídicos de las confesiones religiosas (católica, musulmana, judía y protestante), Barcelona 2005.

Carrión Olmos, Salvador, El sistema matrimonial español, Madrid 1990.

Cebría García, María Dolores, Notas sobre los matrimonios civiles en forma religiosa no catolica, in: FS Díaz Moreno, 945–958.

Cobacho López, Angel, Matrimonio civil y matrimonio canónico en España durante la Restauración borbónica, Valencia 2009.

Cobacho López, Angel, Relaciones entre España y la Santa Sede durante la etapa final de la restauración borbónica (1902–1923). La cuestión matrimonial, Murcia 2008.

Cubillas Recio, Luis Mariano, El ajuste al derecho español de determinadas causas matrimoniales canónicas, in: FS Díaz Moreno, 959–987.

del Amo, León, Sentencias eclesiásticas de nulidad de matrimonio y sus efectos civiles, in: IC XXII (1982) 115–164.

del Amo, León, Los matrimonios civiles durante la República, in: Revista de derecho privado 38 (1954) 539–549.

Díaz Moreno, José María, Los diez primeros informes sobre la revisión del Concordato de 1953. Contribución a la historia de los Acuerdo vigentes, in: REDC 70 (2013) 143–158.

Díaz Moreno, José María, Por qué y cómo se hicieron los acuerdos. Memoria personal, in: Caparrós, María del Carmen/Martín, María del Mar u.a. (Hgg.), XXX años de los acuerdos entre España y la Santa Sede. Actas del IV simposio internacional de derecho concordatario, Almería, 18–20 de noviembre de 2009, Granada 2010, 21–50.

Díez del Corral Rivas, Jesús, Comentario artt. 61–66, in: Ministerio de la Justicia (Hg.), Comentario del Código Civil, Tomo I, Madrid 1993, 300–317.

Escudero Escorza, Matrimonio de acatólicos en España, Vitoria 1964 (Victoriensia. Publicaciones del seminario de Vitoria 17).

Espín Cánovas, Diego, El consentimiento matrimonial y la simulación, in: FS Díaz Moreno, 1255–1270.

Ferrer Ortiz, Javier, La eficacia civil del matrimonio canónico y de las decisiones eclesiásticas en el derecho español, in: Ius et Praxis 14 (2008) 373–406.

García Failde, Juan José, Comentario al motu proprio "Mitis Iudex Dominus Iesus". Reflexiones críticas para su correcta comprensión y aplicación en los Tribunales eclasiásticos, Madrid 2017 (Subsidia Canonica 20).

García Failde, Juan José, Constitución española y Acuerdo jurídico entre Estado español y Santa Sede, in: Revista juridical de Catalunya 1 (1990) 9–28.

García Failde, Juan José, Nuevo Tratado de Derecho Procesal Canónico (Código de Derecho Canónico, Instrucción "Dignitas Connubii" M.P. "Mitis Iudex Dominus Iesus"), Madrid 2017 (Studia Canonica Matritensia 5).

García Failde, Juan José, Reconocimiento de efectos civiles del matrimonio celebrado según las normas del derecho canónico, in: Boletín de la Diócesis de Calahorra 8 (1980), 273–284.

García Failde, Juan José, Reconocimiento en el orden civil de matrimonios celebrados según las normas del derecho canónico y sentencias eclesiásticas de nulidad matrimonial, in: Boletín Oficial del Obispado de Calahorra, la Calzada y Logroño CXXIII (1982) 1–37.

Gete-Alonso y Calera, María del Carmen, Comentario artt. 66–81, in: Ministerio de la Justicia (Hg.), Comentario del Código Civil, Tomo I, Madrid 1993, 317–334.

Gottwald, Peter, EWG VO 2201/2003 Art. 63 Verträge mit dem Heiligen Stuhl, in: Münchener Kommentar zum FamFG. §§ 1–491 IZVR EuZVR, München ²2013.

Güthoff, Elmar, Das *Privilegium Petrinum*. Die Auflösung einer nichtsakramentalen Ehe durch päpstlichen Gnadenakt, in: DPM 9 (2002) 245–257.

Hausmann, Rainer, Internationales und Europäisches Ehescheidungsrecht. Mit Scheidungsfolgenrecht, München 2013.

Heimerl, Hans/**Pree**, Helmuth, Kirchenrecht. Allgemeine Normen und Eherecht, Wien – New York 1983.

Ibán, Iván C., Calificación jurisprudencial del sistema matrimonial español (1938–1978), in: Anuario de Derecho Civil XXXIV (1981) 259–369.

Ibán, Iván C., Einführung in das spanische Recht, Baden-Baden 1995.

Jordano Barea, Juan B., El nuevo sistema matrimonial español, in: Anuario de Derecho Civil XXXIV (1981) 903–926.

Killermann, Stefan, Die Rota Romana. Wesen und Wirken des päpstlichen Gerichtshofes im Wandel der Zeit, Frankfurt am Main ²2011 (Adnotationes in Ius Canonicum 46).

Leal Adorna, María del Mar, Treinta años de desarollo jurisprudencial del artículo VI. 2 del acuerdo sobre los asuntos jurídicos entre España y la Santa Sede: eficacia en el ordenamiento español de las sentencias de nulidad canónicas, in: Caparrós, María del Carmen/Martín, María del Mar u.a. (Hgg.), XXX años de los acuerdos entre España y la Santa Sede. Actas del IV simposio internacional de derecho concordatario, Almería, 18–20 de noviembre de 2009, Granada 2010, 381–391.

Leal Adorna, María del Mar/**León Benítez**, María Reyes, Las deciciones de tribunales estatales españoles sobre el reconocimiento de la nulidad matrimonial canónica: La jurisprudiencia del año 2005, in: AADC XIII (2006), 267–294.

López Alarcón, Mariano/**Navarro-Valls** Rafael, Curso de derecho matrimonial canónico y concordado, Madrid ⁷2010.

Martín de Agar y Valverde, José Tomás, El matrimonio canónico en el derecho civil español, Pamplona 1985.

Navarro-Valls, Rafael, Los efectos civiles del matrimonio canónico en el Acuerdo de 1979 entre la Santa Sede y el Estado español, in: IC XIX (1979) 107–153.

Odriozola Igual, Cristina, Algunas reflexiones sobre las modalidades especiales y la forma extraordinaria en el sistema matrimonial español, in: REDC 58 (2001), 219–245.

Odriozola Igual, Cristina, La celebración del matrimonio en forma ordinaria en el sistema matrimonial español, Bilbao 2002.

Olmos Ortega, María Elena, El matrimonio canonico en el ordenamiento jurídico español, Valencia 1982.

Peña Bernaldo de Quiros, Manuel, El sistema matrimonial según la Constitución y los Acuerdos con la Santa Sede, in: Anuario de derecho civil XXXIII (1980) 571–583.

Perales Agustí, Montserrat, El derecho matrimonial de las confesiones religiosas minoritarias, in: Jusdado Ruiz-Capillas, Miguel Angel (Hg.), Derecho matrimonial canónico y eclesiástico del estado, Madrid 2006, 311–332.

Perales Agustí, Montserrat, El régimen matrimonial de las confesiones religiosas minoritarias en España, in: Jusdado Ruiz-Capillas, Miguel Angel (Hg.), Derecho matrimonial canónico y eclesiástico del estado, Madrid 2006, 299–310.

Primetshofer, Bruno, Die Eheschließung, in: ^{2}HdkKR, 949–965.

Puerto González, Juan José, Normativa matrimonial civil española. Últimas reformas legislativas consideración legal de nuevas formas matrimoniales en el derecho español, in: REDC 68 (2011) 525–573.

Puig Ferriol, Luis, Comentario artt. 52–60, in: Ministerio de la Justicia (Hg.), Comentario del Código Civil, Tomo I, Madrid 1993, 284–299.

Quast, Andrea, Die capacidad de obrar Minderjähriger im spanischen Código Civil im Vergleich zu der Geschäftsfähigkeit Minderjähriger im deutschen Bürgerlichen Gesetzbuch, Köln 2000.

Rauscher, Thomas, Brüssel IIa-VO, in: Rauscher, Thomas (Hg.), Europäisches Zivilprozess- und Kollisionsrecht EuZPR/EuIPR. Kommentar, Band IV, Köln ^{4}2015, 3–442.

Regatillo, Eduardo F., Derecho Matrimonial eclesiástico, Santander 1962.

Regatillo, Eduardo F., El concordato español de 1953, Santander 1953.

Roca, María José, Über die gegenwärtigen Beziehungen von Staat und Kirche in Spanien, in: Kämper, Burkhard/Pfeffer, Klaus (Hgg.), Die Trennung von Staat und Kirche. Modelle und Wirklichkeit in Europa, Münster 2007 (Essener Gespräche zum Thema Staat und Kirche 40), 127–145.

Rodríguez Chacón, Rafael, Eficacia civil de las resoluciones canónicas en Derecho concordatario comparado, in: EE 87 (2012) 791–838.

Rodríguez Torrente, Jesús, Los matrimonios simulados: Repercusiones canónicas de su tratamiento normativo civil. Matrimonios de complacencia y simulación a la luz de la instrucción DGRN 31 de enero de 2006, in: Rodríguez Chacón, Rafael/Guzmán Pérez, Cristina (Coordinadores), Instituciones básicas, interacciones y zonas conflictivas de derecho canónico y derecho eclesiástico (Actas de las XXVIII Jornadas de actualidad canónica organizadas por la Asociación Española de Canonistas en Madrid, 26–28 de marzo 2008), Madrid 2009, 189–250.

Salvador Coderch, Pablo, Comentario artt. 44–49, in: Ministerio de la Justicia (Hg.), Comentario del Código Civil, Tomo I, Madrid 1993, 261–273.

Sánchez-Girón Renedo, José Luis, Anotaciones históricas sobre la incidencia de la legislación canónica matrimonial en el Derecho español, in: EE 87 (2012) 773–790.

Sanciñena Asurmendi, Camino, El reconocimiento civil de la resoluciones matrimoniales extranjeras y canónicas, Madrid 1999.

Sohst, Wolfgang, Das spanische Bürgerliche Gesetzbuch. Código Civil Español und Spanisches Notargesetz, Berlin ^{5}2013.

Tineo, Primitivo, La recepción de Trento en España (1565). Disposiciones sobre la actividad episcopal, in: AHIg 5 (1996) 241–296.

Vázquez García-Peñuela, José María/**Morales Payán**, Miguel Angel, El Pase Regio. Esplendor y decadencia de una regalía, Navarra 2005.

Vázquez Iruzubieta, Carlos, Régimen jurídico de la celebración y disolución del matrimonio (Ley 30/1981, de 7 de julio), Madrid 1981.

Vidal y Moya, Antonio/**Grases Vidal**, Federico, Comentarios a la vigente Ley del divorcio. Seguidos de unos formularios. Tomo 1, Madrid 1933.

Waldmann, Marcus, Das System der Konkordatsehe in Italien. Entwicklung und aktuelle Probleme der Kooperation zwischen Staat und katholischer Kirche, Berlin 2003 (Staatskirchenrechtliche Abhandlungen 41).

Weinberger, Walter, Königreich Spanien, in: Rees, Wilhelm (Hg.), Katholische Kirche im neuen Europa. Religionsunterricht, Finanzierung und Ehe in kirchlichem und staatlichem Recht – mit einem Ausblick auf zwei afrikanische Länder, Wien 2007 (Forschung und Wissenschaft – Theologie 2), 324–344.

Hilfsmittel

Garay y Chamizo, Catalina, Rechtswörterbuch Spanisch-Deutsch/Deutsch-Spanisch. Diccionario jurídico Español–Alemán/Alemán–Español, Köln 2008.

Abkürzungen

AADC	Annuario Argentino de Derecho Canónico
AAS	Acta Apostolicae Sedis
ABl.	Amtsblatt
AfkKR	Archiv für katholisches Kirchenrecht
AHIg	Anuario de Historia de la Iglesia
AJJ	Acuerdo entre el Estado español y la Santa Sede sobre asuntos jurídicos (1979), kurz: Acuerdo sobre asuntos jurídicos
Art./Artt.	Artikel (Singular/Plural)
ASS	Acta Sanctae Sedis
BOE	Boletín Oficial del Estado
bzw.	beziehungsweise
can./cann.	Canon/Canones
c./cc.	Canon/Canones
CC	Código Civil
CA/CC. AA.	Comunidad Autónoma/Comunidades Autónomas
CCEO	Codex Canonum Ecclesiarum Orientalium
CE	Constitución Española
CIC/1917	Codex Iuris Canonici von 1917
CIC/1983	Codex Iuris Canonici von 1983
CIE	Comisión Islámica de España
DGRN	Dirección General de los Registros y del Notariado
DPM	De Processibus Matrimonialibus
dt.	Deutsch
ebd.	ebenda
EE	Estudios Eclesiásticos. Revista Teológica de Investigación e Información
EG	Europäische Gemeinschaft
EU	Europäische Union
f.	folgende
FamFG	Gesetz über das Verfahren in Familiensachen und in den Angelegenheiten der freiwilligen Gerichtsbarkeit

FCIE	Federación de Comunidades Israelitas de España
FEREDE	Federación de Entidades Religiosas Evangélicas de España
Fn.	Fußnote
FS Díaz Moreno	Festschrift Díaz Moreno: Castán Vázquez, José María u.a. (Hgg.), Hominum causa omne ius constitutum est. Escritos sobre el matrimonio en homenaje al Prof. Dr. José María Díaz Moreno, S.J., Madrid 2000.
HdkKR	Handbuch des katholischen Kirchenrechts (1999)
Hg./Hgg./hgg.	Herausgeber (Singular/Plural)/herausgegeben
IC	Ius Canonicum
i.V.m.	in Verbindung mit
LEC	Ley de Enjuiciamiento Civil
LRC	Ley del Registro Civil
MP	Motu proprio
n./nn.	Nummer/Nummern
Nr.	Nummer
REDC	Revista Española de Derecho Canónico
RJA	Revista de Jurisprudencia Aranzadi
Rn.	Randnummer
RRC	Reglamento de la Ley del Registro Civil
s.	siehe
St.	Sankt
STS	Sentencia Tribunal Supremo
u.a.	und andere/unter anderem
VO	Verordnung

ADNOTATIONES IN IUS CANONICUM

Herausgegeben von Elmar Güthoff und Karl-Heinz Selge

Band 1 Anton Morhard: Die gerichtliche Berufung im kanonischen Recht. Eine Analyse des klassischen remedium iuris. 1995.

Band 2 Elmar Güthoff (Hrsg.): Der Schutz des geistigen Eigentums in den Schriften von Winfried Schulz. Festgabe für Theodor Schmitz zur Vollendung des 80. Lebensjahres. 1997.

Band 3 Richard Puza/Andreas Weiß (Hrsg.): Iustitia in caritate. Festgabe für Ernst Rößler zum 25jährigen Dienstjubiläum als Offizial der Diözese Rottenburg-Stuttgart. 1997.

Band 4 Ernst Freiherr von Castell: Alkoholismus in der Rechtsprechung der Rota Romana. 1997.

Band 5 Burghard Pimmer-Jüsten: Facultas vel licentia imponendi tributa sacerdotibus. Partikularrechtliche Untersuchung zu den diözesanen „Pflichtabgaben" der Kleriker. 1997.

Band 6 Jürgen Olschewski: Das Recht auf Sakramentenempfang. Zur Entwicklung eines Fundamentalrechtes der Gläubigen vom Konzil von Trient bis zur Gegenwart. 1998.

Band 7 Martin Grichting: Die Umschreibung der Diözesen. Die Kriterien des II. Vatikanischen Konzils für die kirchliche Zirkumskriptionspraxis. 1998.

Band 8 Cesare Mirabelli/Giorgio Feliciani/Carl Gerold Fürst/Helmuth Pree (Hrsg.): Winfried Schulz in memoriam. Schriften aus Kanonistik und Staatskirchenrecht. 1999.

Band 9 Christoph Kühn: Die Rechtsbeziehungen des Heiligen Stuhls zum Europarat. 1999.

Band 10 Peter Stockmann: Außerordentliche Gemeindeleitung. Historischer Befund – Dogmatische Grundlegung – Kirchenrechtliche Analyse – Offene Positionen. 1999.

Band 11 Jürgen Cleve: Inkompatibilität und Kumulationsverbot. Eine Untersuchung zu c. 152 CIC/ 1983. 1999.

Band 12 Karl-Heinz Selge: Ehe als Lebensbund. Die Unauflöslichkeit der Ehe als Herausforderung für den Dialog zwischen katholischer und evangelisch-lutherischer Theologie. 1999.

Band 13 Elmar Güthoff / Karl-Heinz Selge (Hrsg.): Der Staat der Vatikanstadt, der Heilige Stuhl und die Römische Kurie in den Schriften von Winfried Schulz. Città del Vaticano, Santa Sede e Curia Romana negli Scritti di Winfried Schulz. Franz X. Walter zur Vollendung des 70. Lebensjahres. 1999.

Band 14 Hermann Kahler: Absentia consensus. Der fehlende Mindestwille zur Ehe als Ehenichtigkeitsgrund. 1999.

Band 15 Nikolaus Schöch: Die kirchenrechtliche Interpretation der Grundprinzipien der christlichen Anthropologie als Voraussetzung für die eheprozessrechtliche Beurteilung der psychischen Ehekonsensunfähigkeit. Eine kanonistische Studie unter besonderer Berücksichtigung der päpstlichen Allokutionen und der Judikatur der Römischen Rota. 1999.

Band 16 Michael Landau: Amtsenthebung und Versetzung von Pfarrern. Eine Untersuchung des geltenden Rechts unter besonderer Berücksichtigung der Rechtsprechung der Zweiten Sektion des Höchsten Gerichts der Apostolischen Signatur. 1999.

Band 17 Paul Weibel: Das Selbstbestimmungsrecht der römisch-katholischen Kirche. Eine staatskirchenrechtliche Studie am Beispiel des Kantons Schwyz. 2003.

Band 18 Stefan Korta: Der katholische Kirchenvertrag Sachsen. 2001.

Band 19 Jürgen Wätjer: Das katholische Domkapitel zu Hamburg von den Anfängen bis zur Reformation und seine Wiedererrichtung 1996. Eine kanonistische Untersuchung. 2001.

Band 20 Bernd Matecki: Der Traktat *In primis hominibus*. Eine theologie- und kirchenrechtsgeschichtliche Untersuchung zu einem Ehetext der Schule von Laon aus dem 12. Jahrhundert. Anhang: Edition des Traktates *In primis hominibus*. 2001.

Band 21 Stefan Gatzhammer: Der Souveränitätsanspruch des Apostolischen Stuhles in päpstlichen Lehraussagen und in der Kanonistik von 1846 bis 1978. 2001.

Band 22 Andreas Franitza: Das Domkapitel zu Hildesheim in der Zeit zwischen Preußenkonkordat (1929) und Niedersachsenkonkordat (1965) und seine Statuten von 1984. 2001.

Band 23 Péter Erdö: Die Quellen des Kirchenrechts. Eine geschichtliche Einführung. 2002.

Band 24 Rüdiger Althaus / Rosel Oehmen-Vieregge / Jürgen Olschewski (Hrsg.): Aktuelle Beiträge zum Kirchenrecht. Festgabe für Heinrich J. F. Reinhardt zum 60. Geburtstag. 2002.

Band 25 Hartmut Zapp / Andreas Weiß / Stefan Korta (Hrsg.): Ius Canonicum in Oriente et Occidente. Festschrift für Carl Gerold Fürst zum 70. Geburtstag. 2003.

Band 26 Johnson Michael Kallidukil: The Canonical Significance of the Synod of Bishops of 1994 on Consecrated Life. From the *Lineamenta* to the *Vita consecrata*. 2003.

Band 27 Hubert Schiepek: Der Sonntag und kirchlich gebotene Feiertage nach kirchlichem und weltlichem Recht. Eine rechtshistorische Untersuchung. 2003. 2.,durchgesehene Auflage 2009.

Band 28 Andreas Weiß / Stefan Ihli (Hrsg.): Flexibilitas Iuris Canonici. Festschrift für Richard Puza zum 60. Geburtstag. 2003.

Band 29 Benita von Beyme: Die Baulast für das Freiburger Münster. 2003.

Band 30 Nikolaus Schöch: Festlegung, Änderung und Konformität von Klagegründen im kanonischen Eheprozess. 2003.

Band 31 Andreas Weiß / Stefan Ihli (Hrsg.): Kulturgutschutz und Kirche, Bibel und Kirchenrecht. Symposion und Festakt anlässlich des 60. Geburtstags von Professor Dr. Richard Puza. 2004.

Band 32 Stefan Lunze: The Protection of Religious Personnel in Armed Conflict. 2004.

Band 33 Christian Kröber: Zur Bedeutung der urheberrechtlichen Vergütungspflicht von kultischer Kirchenmusik in Deutschland. 2004.

Band 34 Szabolcs Anzelm Szuromi: Anselm of Lucca as a Canonist. 2006.

Band 35 Robert Oswald: Streikrecht im kirchlichen Dienst und in anderen karitativen Einrichtungen. 2005.

Band 36 Heribert Schmitz: Die Liturgie-Instruktion *Redemptionis Sacramentum* von 2004. Kirchenrechtliche Anmerkungen zum Erlaß der Kongregation für den Gottesdienst und die Sakramentenordnung vom 25. März 2004. 2005.

Band 37 Krzysztof Górski: Das personenbezogene Eheverständnis und relatives Erfüllungsunvermögen. 2006.

Band 38 Salus animarum suprema lex. Festschrift für Offizial Max Hopfner zum 70. Geburtstag. Herausgegeben von Ulrich Kaiser, Ronny Raith und Peter Stockmann. 2006.

Band 39 Bernd Eicholt: Geltung und Durchbrechung des Grundsatzes „Nullum crimen nulla poena sine lege" im kanonischen Recht, insbesondere in c. 1399 CIC/1983. 2006.

Band 40 Georg May: Die Auseinandersetzungen zwischen den Mainzer Erzbischöfen und dem Heiligen Stuhl um die Dispensbefugnis im 18. Jahrhundert. 2007.

Band 41 Wolfgang F. Rothe: Die Statuten der Kollegiatkapitel im deutschen Sprachraum. Rechtslage und Rechtspraxis. 2007.

Band 42 Markus Müller: *Officium divinum.* Studien zur kodikarisch-rechtlichen Ordnung des kirchlichen Stundengebetes in der lateinischen Kirche. 2007.

Band 43 Dagmar Schaaf: Der kirchliche Strafanspruch. Die Begründung der kirchlichen Strafgewalt vom Ius Publicum Ecclesiasticum bis zum CIC/1983. 2007.

Band 44 Burkhard Josef Berkmann: Die Ehen von/mit Nichtkatholiken vor der lateinischen Kirche. Das neue Ehe-Kollisionsrecht in *Dignitas Connubii.* 2008.

Band 45 Klaus Kottmann: Die Freimaurer und die katholische Kirche. Vom geschichtlichen Überblick zur geltenden Rechtslage. 2009.

Band 46 Stefan Killermann: Die Rota Romana. Wesen und Wirken des päpstlichen Gerichtshofes im Wandel der Zeit. 2., überarbeitete Auflage. 2011.

Band 47 Ansgar Grochtmann: Justitiabilität der Gewissensfreiheit. Rechtsvergleichende Anaylse zur kirchlichen Strafverhängung und zum Schutz des *forum internum* im Völkerrecht. 2009.

Band 48 Sabine Heidl: Psychische Störungen und ihre Begutachtung im Ehenichtigkeitsprozess. 2009.

Band 49 Peter Fabritz: *Sanatio in radice.* Historie eines Rechtsinstituts und seine Beziehung zum sakramentalen Eheverständnis der katholischen Kirche. 2010.

Band 50 Elmar Güthoff / Stefan Korta / Andreas Weiß (Hrsg.): *Clarissimo Professori Doctori Carolo Giraldo Fürst.* In memoriam Carl Gerold Fürst. 2013.

Band 51 Franz Hasenhütl: Die Domkapitel in Österreich nach dem CIC/1983. Statutenreform und aktuelle Rechtsgestalt. 2013.

Band 52 Vitus Kapfelsperger: Eheverfahren und Eheprozesse in Staat und Kirche. Eine rechtsvergleichende Betrachtung. 2015.

Band 53 Marc Johannes Kalisch: Die Zuständigkeit zur Ordnung der Liturgie. Der Weg vom Zentralismus zur Einbeziehung der Verantwortung der Autoritäten unterhalb des Heiligen Stuhles. 2017.

Band 54 Matthias Nowotny: „Dritter" Weg und KAGH. 2018.

Band 55 Sabine Konrad: Die Konkordatsehe in Spanien. 2019.

www.peterlang.com

www.ingramcontent.com/pod-product-compliance
Ingram Content Group UK Ltd.
Pitfield, Milton Keynes, MK11 3LW, UK
UKHW021856290926
8980IPUK00005B/865

9 783631 670965